Callwey

...rund ums Haus

Michael Niederstrasser
Johanna Spalink-Sievers
Rüdiger Weddige

Gartenhaus, Laube, Pergola

Der geschützte Platz im Garten

Callwey

FÜR THOMAS UND JULIA

Abbildung auf Seite 2
Gartenhaus des Architekten Lindgren in der Gartenanlage Hvittrask in Südfinnland, vgl. auch Abb. 142–144.

CIP-Kurztitelaufnahme der Deutschen Bibliothek
Gartenhaus, Laube, Pergola: d. geschützte Platz im Garten/Michael Niederstrasser... – München: Callwey, 1986.
(...Rund ums Haus)
ISBN 3-7667-0794-9
NE: Niederstrasser, Michael [Mitverf.]

Umschlagentwurf Baur+Belli Design, München, unter Verwendung der Abbildung 181
Lithos Schwitter AG., Allschwil/Basel
Gesamtherstellung Auer, Donauwörth
Printed in Germany

INHALT

EINLEITUNG

Der geschützte Platz im Garten

Nicht von ungefähr hatte die Wochenzeitschrift »Die Gartenlaube« ihren Titel bekommen, stellt man sich doch darunter einen Ort vor, an dem man sich dem Alltag entziehen kann, an dem man in gemütlicher Runde beisammen sitzen, plaudern und diskutieren kann oder wo man allein seinen Gedanken nachgehen möchte.
Aber was bewegt uns heute dazu, ein Buch über solche geschützten Plätze im Garten, über Gartenhäuser, Lauben und Pergolen zu schreiben? Ist es ein Schwelgen in Nostalgie, wenn man versucht, diese früher üblichen Gartenbauwerke wiederzubeleben? Ist es nicht vielmehr so, daß in den heutigen Gärten, Höfen und Anlagen weder Platz noch Bedarf für solch »überflüssiges Beiwerk« besteht? Hat sich das Freizeitverhalten der Menschen nicht so verändert, daß entsprechende Nutzungen ganz woanders stattfinden als im Garten?
Wir meinen, daß es Anhaltspunkte dafür gibt, daß hier etwas in Bewegung geraten ist, wie z. B. die Zunahme von Aufsätzen in Tageszeitungen, Wochenmagazinen und Fachzeitschriften zu eben unserem Thema oder die sich offensichtlich verbessernden Marktchancen der entsprechenden Fertigprodukte zeigen. Sicherlich spielt hierbei u. a. eine Rolle, daß viele Menschen es (wieder) zu schätzen lernen, einen alltäglich nutzbaren Freiraum in direkter Hausnähe zu haben. Er soll an möglichst vielen Tagen, also auch bei sehr heißem oder auch bei nicht so gutem Wetter, benutzbar sein. Hinzu kommt eine gewisse Abkehr vom stereotypen, pflegeleichten Garten hin zu mehr »Naturnähe«. Wir möchten diese Zeichen einer Veränderung nutzen, um Anregungen zur individuelleren Gestaltung von geschützten Plätzen im Garten zu geben.

Vergegenwärtigen wir uns zunächst einmal die möglichen Funktionen eines geschützten Platzes im Garten: er bietet Schutz vor Sonne, Wind und Regen, vor neugierigen Blicken – dabei aber die Möglichkeit, selbst hinauszusehen; sei es in den Garten oder auf das Haus, sei es in die umgebende Landschaft, über die Dächer der Stadt oder über eine Flußaue. Man kann sich dorthin allein zurückziehen oder gemütlich mit der Familie Kaffee trinken, man kann Feste feiern oder in lauen Sommernächten dort schlafen. Er kann auch rein nützlichen Zwecken dienen, wie z. B. dem Abstellen von Gartenmöbeln oder von Geräten zur Pflege des Gartens.
Dieser nur angedeuteten Vielfalt an möglichen Nutzungen entspricht eine unerschöpfliche Vielzahl an Formen zur Gestaltung dieses geschützten Platzes. Schon ein Baum kann diese Funktion erfüllen, bietet er doch durch sein Blätterdach Schutz vor Sonne. Anderen Ansprüchen genügen leichtere Konstruktionen wie Pergolen, Lauben oder aber feste, gebaute Gartenhäuser.

Die Gartenkunst und Baukultur auf diesem Gebiet sind verarmt, unsere Gärten sind zunehmend monotoner geworden. Eigentümer oder Mieter, die andere Lösungen anstreben, sehen sich einem z. T. recht einfallslosen Fertigproduktemarkt gegenüber, der kaum individuelle Varianten ermöglicht.
Angesichts dieses Rückgangs an Gestaltungsfähigkeit und der Zunahme von Serienprodukten oftmals auf Kosten handwerklichen Könnens und guter Verarbeitung möchten wir eine möglichst breite Palette von ganz unterschiedlichen Bauten zeigen, um dadurch deutlich zu machen, was möglich war und ist. Das Buch zeigt die vielfältigen Gestaltungsmöglichkeiten für geschützte Plätze im Garten – und zwar auch die aus der Vergangenheit, ohne jedoch Nostalgie predigen zu wollen.

1 Titelblattgestaltung der »Gartenlaube«, begründet und herausgegeben von Ernst Keil 1853. Ursprünglich von nationalistischer und revolutionär aufklärerischer Zielsetzung, wurde die Zeitschrift schließlich zum beliebten illustrierten Familien-Wochenmagazin.

Die heute häufig anzutreffende, vorgefertigte Kantholzpergola scheint eines der letzten Relikte einer umfangreichen Bautenfamilie zu sein. Zu diesem Schluß gelangt man, wenn man sich mit der Geschichte des Gartenhauses – und anderer Gartenbauten – beschäftigt: hierbei stößt man auf eine große Zahl von Formen und Varianten.

Dieses Buch möchte nun dazu beitragen, daß auf diesem Gebiet wieder mehr Phantasie und Individualität entwickelt werden kann, indem es anregende Beispiele zeigt. Zunächst werden die rein pflanzlichen Lauben, dann leichte, berankte Konstruktionen und schließlich überwiegend feste, gebaute Pavillons und Gartenhäuser dargestellt. Es werden jeweils alte und neue Beispiele gezeigt, aufwendige und weniger aufwendige Lösungen, Einzelanfertigungen und Serienprodukte. Auswahlkriterium ist die grundsätzliche Eignung für den privat nutzbaren Freiraum, was die Verwendung in anderen Bereichen nicht unbedingt ausschließt. Neben der fotografischen Dokumentation werden jeweils Anregungen und Details zur Gestaltung, zu Material und Konstruktion, soweit möglich und sinnvoll, auch zum Selbstbau gegeben.

Im letzten Teil des Buches wird noch einmal gesondert darauf eingegangen, was beim Neubau eines Gartenhauses beachtet werden sollte, bzw. welches Gartenbauwerk zu welchem Haustyp passen könnte. Ein weiteres Anliegen dieses Buches ist es, einen Beitrag zur Erhaltung und Pflege bereits bestehender, älterer Gartenhäuser zu leisten. Von daher ist auch dieser Thematik ein Kapitel gewidmet.

Formenübersicht – Vom Baum bis zum Gartenhaus

2 Der Baum
Im Schatten eines ausladenden Blätterdaches läßt sich gut mit einer fröhlichen Kaffeegesellschaft Geburtstag feiern. Der Aufwand ist gering, das nötige Mobiliar schnell herbeigeschafft. Nur regnen darf es nicht!

3 Der Hängebaum
Das schützende Laubwerk einiger Baumarten ist besonders gut zum Ziehen lebender Lauben geeignet. Die oft bis zur Erde reichenden Zweige von Hängeesche oder Hängeulme schützen nicht nur vor Wind und Zug, sondern lassen selbst einen leichten Nieselregen nicht durch.

4 Die Baumlaube
Sie wird durch mehrere, eng gepflanzte und miteinander verschlungene Gehölze gebildet – beliebt hierfür sind Hainbuchen, Linden und Kornelkirschen. Zur leichteren Formung und Heranziehung der Gehölze wird oft ein dünnes Holz- oder Metallgerippe errichtet, das später in den grünen Wänden verschwindet.

5 Die Weinlaube
Sie stellt eine Sonderform der Lauben dar, und in dieser Weise wurden schon im Ägypten des dritten vorchristlichen Jahrtausends Reben kultiviert. Auch heute noch trifft man dieses dichte Dach aus Weinlaub mit den herabhängenden Trauben in allen Weinbaugebieten als einfachen, aber stimmungsvollen Schutz vieler Terrassen und Gartenplätze an.

6 Die Pergola
Sie ist eine Weiterentwicklung der Weinlaube und hat gleichfalls ihre Ursprünge in der Gartenkultur Ägyptens. Ihre Konstruktion ist aufwendiger, die Hölzer sind stärker und meist bearbeitet, die Stützen oft aus Stein. Der pflanzliche Aspekt tritt zugunsten des architektonischen zurück, der Schutz vor Sonne und Regen ist eingeschränkt. Bei geschickter Anbindung ans Haus oder an Gartenmauern können schöne Gartenplätze entstehen.

7 Die Rosenlaube
Eine solche Laubenart ist ein Beispiel für die vielfältigen Möglichkeiten, welche leichtes Lattenwerk in Verbindung mit rankenden Pflanzen bietet. Neben den traditionell verwendeten Kletterrosen können auch Clematis, wilder Wein oder Efeu grüne, blühende und dichte Wände bilden.

8 Der offene Holzpavillon
Offene Holzpavillons sind lichte Konstruktionen aus Gitterwerk, die sich ebenso wie Pergolen oder Rosenlauben beranken lassen. Diese berankten oder unberankten, transparenten Baukörper stellen eine reizvolle Bereicherung für jeden größeren Garten dar.

9 Der Holzpavillon mit festem Dach
Geschlossene Grundrißformen, ob nun quadratisch, sechs- oder achteckig, rund oder rechteckig, sind die Grundlage für ein festes Dach, das nicht nur sicher vor Regen schützt, sondern auch eine ganz besondere Zierde des Pavillons darstellt. Die Wände sind meist leicht, durchbrochen oder ganz offen. Rankpflanzen unterstreichen die Durchdringung von innen und außen.

10 Der Steinpavillon
Steinpavillons, die mit den Wehrbauten gemeinsame Ursprünge haben, erheben sich über einer zentralen Grundfigur – Quadrat, Kreis, Vieleck – und stehen oft auf Mauerecken oder -kronen, also an exponierter Stelle. Da sie zudem manchmal mehrstöckig sind, bieten sie schöne Ausblicke auf Garten und Landschaft.

11 Das Gartenhaus aus Holz
Gartenhäuser mit rechteckigem Grundriß und Satteldach, bis zum Beginn des 19. Jh.s die Ausnahme, sind die heute fast ausschließlich bevorzugten Bauformen für Kleingartenlauben und Ferienhäuser.

12 Das Gartenhaus aus Stein
Was für die Gartenhäuser aus Holz gesagt wurde, gilt in gleichem Maße für solche aus Stein. Diese nähern sich heute den Formen der Wohnhäuser an, während sie in früheren Jahrhunderten gerade durch ihr Äußeres, durch die intensive Ausgestaltung der einzelnen Elemente ihre besondere Funktion und Art betonten.

Erscheinungsformen von Gartenbauwerken in der Geschichte

Das Gartenhaus hat zwei Voraussetzungen: das Wohnhaus und den Garten. Erst in Ländern mit einer entwickelten Gartenkultur treffen wir auf Gartenhäuser, Lauben, Pergolen; Plätze also, die einen Aufenthalt im Freien in Entfernung vom Wohnhause ermöglichen. In Beziehung und Abhängigkeit zu diesem Haupthaus haben sich die Gartenhäuser entwickelt; die Stilepochen spiegeln sich in ihnen, drücken sich in ihnen oft besonders deutlich aus oder werden – wie in den letzten zwei Jahrhunderten – munter durcheinandergewürfelt. In diesen Bauten zeigt sich der Wunsch nach Selbstdarstellung, die Freude am Außergewöhnlichen und an der Erfindung von Formen. Sie sind selten von existentieller Wichtigkeit wie das Wohnhaus, eher eine Erweiterung der Wohn- und Lebensmöglichkeiten. Sie sind in gewisser Weise »überflüssig«. Daher waren sie auch stärker durch Vernachlässigung und Verfall bedroht, und so gibt es auch nur wenige noch vorhandene Beispiele aus älterer Zeit.
Die uns überlieferten Zeugnisse entstammen fast ausschließlich der Kultur der herrschenden Schichten, also Adel und Bürgertum, die genügend Mittel besaßen, um sich luxuriös ausgestattete Gärten zu leisten, und die auch über Künstler verfügten, die einiges davon in Wort und Bild festgehalten haben.
Es hat sich eine Vielzahl von Formen herausgebildet, die zeitlich und regional unterscheidbar sind, die aber viele gemeinsame Züge aufweisen. Solche Gemeinsamkeiten liegen in der meist kleinen Form der Gebäude, in der Öffnung zum Garten, der Durchdringung mit den pflanzlichen Elementen, in der häufigen Bevorzugung natürlicher oder unbearbeiteter Materialien, ja im Bau mit lebenden Pflanzen.

Es gibt zwei große »Familien« von Gartengebäuden – mit vielen Berührungspunkten untereinander –, zum einen alle die Bauwerke, die von der Pflanze als bestimmendem Element ausgehen – wie Weinlauben, Hainbuchenlauben, Baumlauben, Laubengänge, Lauben mit offenen, berankten Seiten; und zum anderen massive Häuser und Pavillons aus Holz, Stein und Fachwerk, bei denen Pflanzen als Berankung eher als Zutat erscheinen.
Die Gartengebäude, mit denen wir uns in diesem Buch beschäftigen, haben eine beachtliche Zahl von »Ahnen«, wobei allerdings die genauen Abstammungslinien oft verborgen bleiben. Ein Vorfahre zumindest kommt aus dem Fernen Osten: Die Chinesen sahen schon weit vor Beginn unserer Zeitrechnung in Pavillons und Tempeln wichtige Teile ihrer Gartenlandschaften. In Japan wurden die Formen der chinesischen Bau- und Gartenkunst zu einer eigenständigen Architektur weiterentwickelt, seien es nun die Bauten der Herrscher – z. B. in Kyotos Gärten mit dem goldenen und dem silbernen Pavillon – oder die weitverbreiteten Teekultgärten mit den Teehäusern. Seit dem Ende des 17. Jahrhunderts erfährt Europa starke stilistische Impulse aus China, später – bis ins 20. Jahrhundert – aus Japan.

In unserem näheren Kulturbereich – Europa, Vorderasien, Nordafrika – finden sich Entwicklungslinien vielfältiger Gartenbauwerke. Mit dem Weinbau in Ägypten entwickeln sich Weinlauben, die sich dann mit der Kultur der Rebe weit verbreiten. Schon im 3. Jahrtausend vor Christus wurde der Wein in Lauben gezogen: »... es wurden Pflöcke aufgestellt und darüber ein Querbalken gelegt ... Doch schon im Alten Reich hat man begonnen, statt der rohen Holzpflöcke Säulen aufzustellen, aus denen dann im Neuen Reich die schönen, reichbemalten Säulenpergolen entstanden sind. Diese Lauben wur-

13 Weinbaukultur in Ägypten zur Zeit des Alten Reichs. Darstellung (Rekonstruktion) im Grab des Ptahhotep, Sakkara, mit der ältesten Hieroglyphe für Wein (oben). ▷

14 Der assyrische Fürst Assurbanipal speist mit seiner Gattin unter einer schattenspendenden Weinlaube, die sich ohne Stütze zwischen den Bäumen, Dattelpalmen und Nadelgehölzen rankt. Darstellung aus dem 7. Jh. v. Chr. ▷

den auch manchmal rund gezogen, was ihnen ein gefälligeres Aussehen gab ... Es bleiben bis in das Neuere Reich die Weinlauben Mittelpunkt und Hauptsache aller Gartenanlagen.« (Gothein I, 1914, S. 7)

Auch alle anderen uns geläufigen Formen von Gartenbauwerken treten schon früh im gartenfreudigen mediterranen und vorderasiatischen Bereich auf. Seien es kleine Lauben für die Schüler in griechischen Philosophengärten, das riesige Festzelt des Ptolemäus II. Philadelphus in Alexandria, Lusthäuser in den Patriziergärten von Antiochia oder die Grotte im hohlen Stamm einer Platane, in der – wie Plinius berichtet – achtzehn Personen speisen konnten. Grotten sind ein fester Bestandteil fast aller Gartenstile der Vergangenheit gewesen. Besonders in sonnigen Ländern war ein schattiger und von Wasserspielen und Brunnen gekühlter, manchmal als Höhle oder als künstlicher Bau geschaffener Ort begehrt. Ein schlichter Nachklang dieser Form sind die »Grotten« in den meist ländlichen Gärten: ein Halb- oder Drittelkreis wird mit Schlacken-, Tuff- oder kleinen Findlingssteinen bis auf etwa einen bis anderthalb Meter Höhe aufgemauert, mit Efeu berankt und mit dem »Dach« einer Hängeulme oder -esche überschattet, vgl. Abb. 36.

15 Große, fratzenhafte Grotte aus Stein im Renaissancepark Bomarzo bei Viterbo, Italien. Der Garten wurde von Pier Francesco Orsini angelegt. ▽

16 ▽

Der Einfluß des Orients auf die hellenistische Welt zeigt sich in der Prachtentfaltung in ihren Gärten. Gothein berichtet z. B. von Hieron II., der seine Staatsgeschäfte grundsätzlich im Garten besorgte und sich daher sogar beim Neubau eines Prachtschiffes die Decks als Lustgärten anlegen ließ. Wege waren mit Efeu- und Weinlauben überspannt, es gab Fischbassins und Gartenhäuser.
Rom übernimmt die Vorliebe für prächtige Gärten. Die Schilderung, die der jüngere Plinius von seiner toskanischen Villa gibt, zeigt den Reichtum und die Vielfalt dieser Anlagen. Die »villa urbana« dient vornehmlich der Erholung und der Repräsentation und nicht mehr der Landwirtschaft wie die ursprüngliche »villa rustica«.

Plinius' Villa besteht nicht aus einem kompakten Bau, sondern aus einer Vielzahl von teilweise miteinander verbundenen Einzelgebäuden. An einem sanften Hügel ziehen sich die Baulichkeiten bis in den Weinberg hinauf. Säulengänge, Treppen, Wohn- und Speisepavillons mit unterschiedlichen Ausblicken wechseln einander ab. Im Park liegt ein »... Stibadium (eine offene, auf Säulen ruhende Laube) aus weißem Marmor, von einer Weinrebe beschattet, der vier Säulen aus karystischem Marmor als Stütze dienen. Aus diesem Ruhesitz wird das Wasser in kleinen Strahlen, gleichsam wie durch die Last der darauf Ruhenden ausgepreßt, von einem Marmorbecken aufgefangen ... Beim Mahle stellt man die schweren Gerichte auf den Rand, während die leichteren in kleinen Schiffchen in Vogelgestalt umherschwimmen ... Dem Stibadium gegenüber liegt ein Pavillon mit einem Wohngemach ... Es glänzt von Marmor, seine Flügeltüren gehen ins Grüne und durch alle Fenster schaut das Grün. Ein Alkoven ist herausgebaut, zum Wohngemach gehörig und doch wieder für sich. Hier befindet sich ein Ruhebett, ringsum sind Fenster ... Eine heitere Weinrebe ... hat sich bis zum Dachfirst hinaufgezogen. So ruht man wie in einem Hain, nur daß man den Regen hier nicht wie dort fühlt.« (Gothein I, 1914, S. 109)

△ 16 Gartenanlage. Beete mit leichter Lattenzäunung, Springbrunnen, zwei überdachten Lauben und zwei mit Wein berankten Pergolen. Pompejanisches Wandgemälde (Rekonstruktion), 1. Jh. n. Chr.

17 Stibadium im Park von Klein-Glienicke in Berlin.

18 Eine massive Holztreppe führt zur Laube in einer uralten Linde vor einem Dorfgasthaus. Heidgen, Bergisch-Gladbach.

Eine Besonderheit entwickelt sich aus der ausgeprägten Baumverehrung des Vorderen Orients: die Perser lieben es, sich in den Kronen alter Bäume Wohnplätze einzurichten, die bequem über Treppen zu erreichen sind. Wer sich einmal die Mühe gemacht hat, in einen alten, breit gewachsenen Baum wie z. B. eine Kastanie zu steigen, wird die Faszination verstehen, die von den grünen Räumen in der Krone ausgeht. Diese Baumhäuser und Baumsitze gibt es in verschiedener Form bis heute, seien es Verstecke für Liebende, Eß- und Ruheplätze oder richtige Tanzböden in eigens dafür breitastig gezogenen Linden; oder die vielgestaltigen Baumhäuser und -hütten, die vorwiegend von Kindern gebaut werden.

Bäume mit ihrem schützenden und bergenden Blätterdach haben für die Gärten des Mittelalters eine große Bedeutung; Linde, Walnuß und Obstbäume werden häufig erwähnt. Aus den bildlichen und schriftlichen Darstellungen geht hervor, daß daneben alle möglichen Formen von leichten Lauben, Gitterwerken und Zelten gebräuchlich waren.

Eine sehr ursprüngliche Art, sich einen Sonnenschutz zu schaffen, ist mit dem jüdisch-orientalischen Brauch verbunden, aus grünen Zweigen Laubhütten zu errichten. Bei Festen mit größerem Gefolge oder auf Jagden konnten so schnell und ohne großen Aufwand schattige Räume geschaffen werden. Auch in den Gärten wurden reich verzierte Zelte aufgeschlagen, um sich das Leben angenehm zu gestalten, denn in den mittelalterlichen Gärten spielte sich die ganze Fülle menschlichen Lebens ab: es wurde dort gewohnt, gespielt, gegessen und getrunken, geliebt, gebadet und geschlafen.

Am beliebtesten waren wohl Rosen- und Geißblattlauben in leichter Bauweise aus Holzlattenwerk; sie finden sich sowohl auf weltlichen als auch auf religiösen Bildern der Zeit. Die frühen Beispiele zeigen eher einfache Formen: Pfosten tragen ein flaches oder tonnenförmiges Dach, die Seiten sind offen oder nur leicht geschlossen.

◁ 19 *Pflege einer Rosenlaube in einem Garten des späteren 16. Jh.s. Gut zu sehen ist das geflochtene Gitterwerk, die Latten waren mit Weidenruten oder Stricken verbunden.*

In gleicher Bauweise werden später Laubengänge errichtet, die die Gärten rahmen und gliedern. Sie werden in der Renaissance mitbestimmend für Aufbau und Aufteilung der Gartenanlagen. An wichtigen Stellen, z. B. Kreuzungs- und Endpunkten von Wegen, bekommen die Lauben und Pavillons besondere Bedeutung durch ihre Höhe, zentralen Dachformen wie Kuppeln und Hauben und zusätzlichen Zierat.
Nicht nur die Pflanzen des Gartens werden im 16. Jahrhundert durch Schnitt zu architektonischen Elementen; auch die Lauben werden den Regeln der »Steinarchitektur« angepaßt. Sinnvollerweise bleiben wichtige Bauteile wie Gesimse, Rahmen, etc. unberankt, um ihren gebauten Charakter klarzustellen.
Eine konsequente Weiterentwicklung ist am Anfang des 18. Jahrhunderts die Treillage, die Errichtung ganzer »Scheinbauten« aus leichtem Holzgitterwerk, das meist unberankt bleibt. »Das engmaschige Gitterwerk bringt die Wirkung eines umhegten Raumes. Doch wird gleichzeitig eine aufgelockerte Raumbegrenzung geschaffen ... Es entsteht eine Bauweise, die der Fenster als Lichtquelle entbehren kann ... Auf eine neue Weise ist der Gedanke einer Teilhabe am Garten verwirklicht.« (Markowitz, 1955, S. 53) Durch ihre Lage vor Hecken oder vor dem Boskett bekommen die Treillagen einen wirkungsvollen Hintergrund.
Mit Beginn des 19. Jahrhunderts verliert sich der Gebrauch des Spalierwerks als konstruktives Material im Laubenbau. Schon während des vorhergehenden Jahrhunderts hatte sich die stärkere Unterscheidung von tragenden Elementen und den Wandflächen vorbereitet, und Spalierpavillons werden mit geschlossenen Dächern versehen. Staketenartig aufgereihte Latten erzeugen eher den Eindruck von Wänden in »Laubsägearbeit«. An Holzbauwerken aus der Zeit der letzten Jahrhundertwende sind solche ausgesägten Füllbretter häufig anzutreffen.

20 *Tempelartiger Pavillon im Schnittpunkt von Gartenachsen im Großen Garten von Hannover-Herrenhausen. Der Pavillon hat eine Treillagekuppel als Blickfang.*

21 *Blick in die Kuppel des Treillagepavillons von Abb. 20.*

22 *Spalierlaube. Entwurf des Architekten Schultze-Naumburg von 1908.* ▷

23 *Laubengang aus leichtem Lattengerüst. Entwurf des Architekten Erwin Barth von 1908.* ▽

Es gibt aber auch Wiederbelebungen des Spaliers, der Spalierlaube und des Laubenganges – sowie der noch zu besprechenden Steinpavillons – in den ersten Jahren des 20. Jahrhunderts, wie uns Entwürfe von Schultze-Naumburg, Migge, Bauer u.a. zeigen.

Die Pergola tritt in Deutschland offensichtlich erst wieder im Zusammenhang italienisch-klassizistischer Bauten auf, wie in den Berliner Parks (Potsdam, Glienicke, vgl. Abb. 93), die von Schinkel, Lenné u.a. entworfen worden sind. Sie bleibt im Gebrauch bis heute und scheint in Form der vorgefertigten Kant- oder Rundholzpergola das einzige Relikt einer formenreichen Bautenfamilie zu sein.

Die zweite große Gruppe von Bauten, die bei der Beschreibung bisher unberücksichtigt geblieben ist, umfaßt die massiven Gartenhäuser und Pavillons aus Holz, Fachwerk und Stein. Solche festen Gartengebäude scheinen im frühen Mittelalter keine bedeutsame Rolle gespielt zu haben, da die Städte innerhalb ihrer Mauern meist noch genug Platz ließen für Nutzgärten dicht am Haus. So waren z.B. die alten Römerstädte wie Mainz, Köln und Trier nur teilweise bewohnt und in ihren übrigen Teilen gärtnerisch und landwirtschaftlich genutzt. Erst mit dem Wachstum der Städte, bei Zunahme der Wehranlagen, reichte der Platz für Gärten innerhalb der Mauern nicht mehr aus, und ganze Gürtel von Parzellen lagerten sich um sie.

Nun wurde ein festes Gartenhaus als Unterstand, als Lager und bald auch als Ort für feiertägliche Geselligkeit notwendig. Eine frühe Erwähnung dieser Bauten stammt aus Nürnberg im Jahre 1465, wo eine Polizeiverordnung den weiteren Bau von Häusern verhindern sollte und nur ein »Lusthäuslein« von geringer Größe je Grundstück erlaubt blieb. Es sind Sicherheitsgründe, die wegen der Einschränkung des Sicht- und Schußfeldes vor den Mauern dazu Anlaß

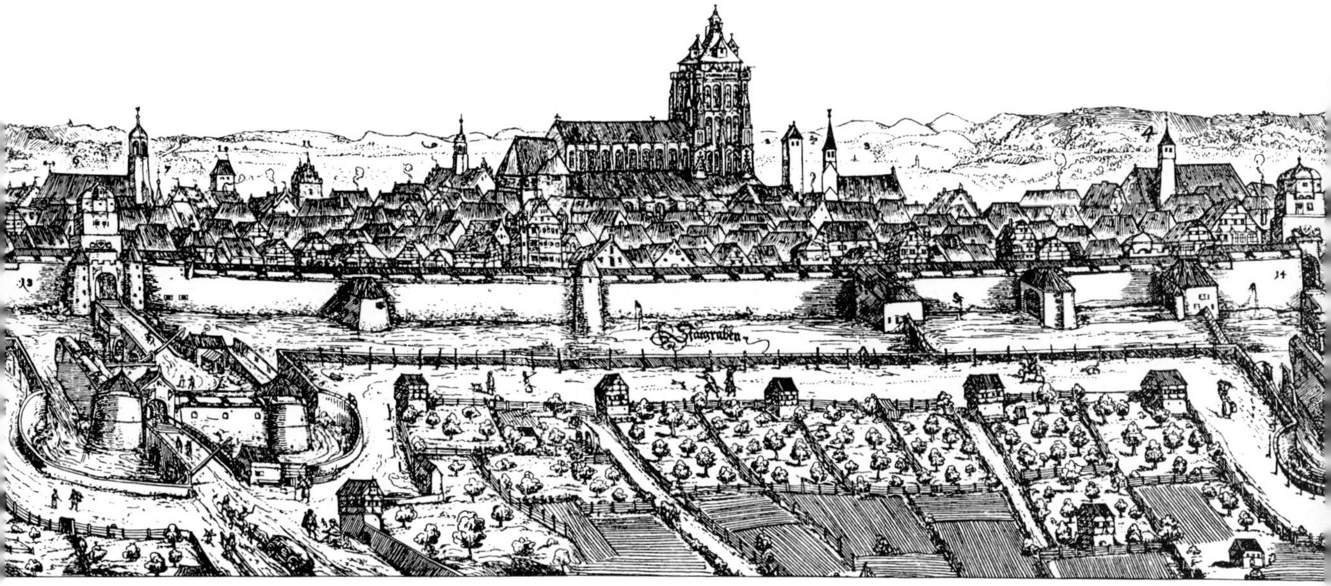

geben. Besonders die reichen Bürger legen sich große Gärten vor den Städten an, die durchaus mit denen des Adels konkurrieren können.
Bei weiterer Entfernung von der Stadt begann man auch, diese Gärten mit Mauern und turmartigen Gartenhäusern zu schützen; es spielte wohl auch das Vergnügen an der Nachahmung höfischer Bau- und Lebensformen mit. Oft sind die Gartengebäude zweigeschossig, unten mit offenen Arkaden zum Garten, oben mit einem geschlossenen Pavillonzimmer, Treppentürme sind seitlich angeordnet.
Nach dem Ende des Dreißigjährigen Krieges werden Wehrtürme an Befestigungsanlagen zu Gartenhäusern umgebaut. Bei diesen Umbauten wird auf architektonische Neuordnung, Öffnung zum Garten und zur Umgebung, auf einen »freundlichen Eindruck« Wert gelegt, und es werden schöne Hauben aufgesetzt. Die seitlich angeordneten Treppentürme machen später oft weitgreifenden Freitreppen Platz. (Markowitz, 1955, S. 104 ff.)

24 Feste Gartenhäuser in Fachwerkbauweise jenseits der Stadtmauer von Ulm. Darstellung von Rieder, 1570. △

25 Entwurf von F. Bauer 1908 für eine Gartenanlage am Ufer eines Elbarmes. Der steinerne, turmartige Pavillon am Ende der Mauer verbindet den oberen Gartenteil mit den Wiesenflächen am Fluß.

26 Zweistöckiger Gartenpavillon aus Stein der 2. Hälfte des 18. Jh.s in der Gartenanlage des Klosters Michaelsberg in Bamberg.

Im 18. Jahrhundert bekommen die Gartenhäuser ein sehr lebhaftes, differenziertes Äußeres: die Wandflächen treten zugunsten der Fenster zurück, Fenstertüren kommen in Gebrauch, die gesamte Bauschale wird bewegter und stark gegliedert, vgl. Abb. 26. Die Wechselbeziehung zwischen Garten und Haus wird intensiver.
Diese Formenentwicklung endet gegen 1800, die Wandflächen werden wieder bedeutsamer, die Fenster kleiner, die Innenräume dunkler. Insgesamt werden die Gartenhäuser schlichter und schmuckloser; sie nähern sich mit quadratischen und rechteckigen Grundrissen sowie Zelt- und Satteldächern mehr dem Charakter der Wohnhäuser.
Die Gartengebäude der jetzt herrschenden Epoche des Landschaftsgartens haben wenig mit den vorher beschriebenen Bauten in ihrer Nutzung und Bedeutung gemein. Während sie bisher neben dekorativem Wert mehr die praktische Funktion für den Aufenthalt, für Geselligkeit oder Rückzug erfüllten und sich ihr Baustil an der »großen« Architektur orientierte, ja diese in besonderem Maße zum Ausdruck brachte, liegt der Wert nun in der Vermittlung von bestimmten Gedanken, Gefühlen und Stimmungen; auch sollen sie sich in ein malerisches Gartenbild einfügen. So werden dann die typischen Staffagebauten, wie antike Tempel, Pagoden, Moscheen, Einsiedeleien, etc. errichtet.
»Stimmung aber gab damals dem Leben Reiz und Schwung, sie war das leitende Motiv der Sentimentalität, ein eigenartiges Gemisch aus Empfindung und Reflexion.« (Gothein II, 1914, S. 386)

Das frühe 19. Jahrhundert gibt sich ganz einer biedermeierlichen Laubenromantik hin; man bevorzugt das bürgerlich-private Glück hinter Flieder und Jasmin, während sich, von der offiziellen Kulturbetrachtung nur nebenher bemerkt, das Kleingartenwesen entwickelt. Auf den zunächst »naturwüchsig« entstehenden Grabelandparzellen bringen die »Schrebergärtner« eine bunte Fülle von kleinen Bauwerken hervor. Diese Bautätigkeit wurde nach dem 2. Weltkrieg durch die große Wohnungsnot gesteigert und daher auch anfangs nicht ungern gesehen. Immer aber wurden die »Buden« aus bürgerlich-ästhetischer Sicht als häßlich und unordentlich abgelehnt.
In den Jahren des Neuaufbaus und des Städtewachstums wurden in besonderem Maße Kleingartenanlagen dem Flächenhunger von Wohnungsbau, Gewerbe und Verkehr geopfert. Als »Gegenstrategie« wurde oftmals Überanpassung an geltende Sauberkeits- und Ordnungsnormen praktiziert, die uns die heute üblichen, aufgeräumten Kleingartenanlagen gebracht hat. Ein wirksames Mittel gegen »Umwidmung« der Flächen ist sie allerdings nie gewesen.

◁ 27 *»Unerwarteter Besuch«. Biedermeierliche Gartenlauben-Romantik auf einer Ansichtskarte um die Jahrhundertwende.*

28 *Schrebergartenlaube in Hannover.*

Doch nicht nur in den Kleingartenanlagen – hier wird die Uniformität oft noch durch den Zwang zur Normlaube gefördert –, sondern auch in den Hausgärten finden sich kaum noch schöne, architektonisch ansprechende Gartenhäuser. Für uns stellt sich die neuere Entwicklung folgendermaßen dar: Die »funktionalistische« Auffassung vom Planen und Bauen ist in einer beklagenswerten Weise Allgemeingut geworden. Auch beim Errichten von Gartenhäusern scheint es das wichtigste Ziel zu sein, möglichst schnell, billig und unkompliziert zu bauen. Diesem Prinzip wird alles andere untergeordnet.

Die dabei unterdrückten ästhetischen Regungen, die Wünsche nach eigenem, gestaltenden Ausdruck brechen sich Bahn im Anbringen von stereotypen Dekorationselementen. Es grenzt schon an ein Wunder, woher z. B. die vielen ausgedienten Wagenräder kommen, die bemüht werden, einer ansonsten vollkommen sterilen und »abwaschbaren« Szene so etwas wie Ländlichkeit zu verleihen. Das Unbehagen an einer Lebensumwelt, die immer mehr an individueller Gestaltung einbüßt, erzeugt aber auch einen Hunger nach Formen und Strukturen, nach Unterscheidbarkeit. Nostalgie ist dann der bloße Rückgriff auf Gewesenes; dennoch scheint uns der Blick zurück in die Geschichte wichtig, besonders der Blick auf Zeiten der Veränderung und Neuorientierung in Architektur und Gartenarchitektur, wie sich uns z. B. der Beginn des 20. Jahrhunderts mit der Abkehr vom Historismus und dem Landschaftsgarten darbietet.

In den letzten Jahren ist eine Bewegung in Gang gekommen, die sich auf dem Gebiet der Architektur vom »Vulgär-Funktionalismus« abwendet und wieder mehr Gestaltung wagt und auch regionale Bautraditionen aufnimmt. Auch in den Gärten ist dieser Prozeß zu spüren. Der pflegeleichte Koniferen-Rasen-Garten ist nicht mehr unumstrittener Standard. Der Bau eines Teiches, die Anlage von Stauden- und Kräuterbeeten, von Komposthaufen und Hügelbeeten, ja selbst von Blumenwiesen, oder auch die Wiederentdeckung alter Obst- und Rosensorten ist nicht mehr nur die Liebhaberei einzelner. Der Wunsch nach mehr Vielfalt und Lebendigkeit scheint auch ästhetische Kategorien langsam zu verändern. Im Deutschland der Nachkriegszeit wurde – gerade auch auf Gärten bezogen – »schön« und »ordentlich« weitgehend als Synonym gebraucht. Es scheint sich eine neue Verknüpfung von »schön« mit »lebendig« zu bilden – eine sehr notwendige Entwicklung angesichts unserer allenthalben geschädigten Umwelt. In diesem Zusammenhang ist auch das wachsende Interesse zu sehen, das sich den vielfältigen Möglichkeiten des Aufenthaltes im Freien zuwendet, dem Schaffen der dafür geeigneten Plätze, deren Gestaltung und Begrünung.

Goethes Gartenhaus in Weimar

Übermüthig sieht's nicht aus
Dieses stille Gartenhaus
Allen die darin verkehrt
Ward ein guter Muth bescheert

Goethe 1828

29 *Goethes Gartenhaus in Weimar.*

Das berühmte Gartenhaus Goethes am Stern in Weimar ist für ein Gartenhaus ungewöhnlich groß. Es ist eher ein kleines Wohnhaus, und tatsächlich wohnte Goethe in den ersten Jahren seines Aufenthaltes in Weimar von 1776 bis 1782 dort.
In diesen Jahren wuchs in ihm eine tiefe Verbundenheit mit Haus und Garten und der Umgebung des Ilmtales, die auch erhalten blieb, als er später in die Stadt in das Haus am Frauenplan zog.
»Goethe hat sich der Naturbetrachtung schrittweise und sehr bedächtig genähert. Er hatte ›von dem, was man Natur nennt, keinen Begriff‹, als er nach Weimar kam. Erst sein Garten schärfte ihm langsam den Blick und gab ihm die erste Anregung, sich mit dem Pflanzenstudium zu beschäftigen. Goethe wurde durch seinen Garten zum Botaniker.« (Balzer, 1978, S. 42)
Als Goethe 1776 Garten und Haus in Besitz nahm, war der Garten eher eine Wildnis und das Haus sehr vernachlässigt. Mit viel Freude und Eifer hat er sich an die Instandsetzung des Hauses und die Umgestaltung des Gartens gemacht. Die Kosten hierfür hat Herzog Carl August getragen. Kaum waren die Hauptarbeiten abgeschlossen, stellte sich häufiger und fröhlicher Besuch ein, wurden kleine Feste gefeiert. Die fürstliche Familie ist häufig gekommen und vor allem Goethes damalige Freundin Charlotte von Stein mit ihren drei Söhnen. Der erste Besuch, der in seinem Gartenhaus übernachtet hat, war der Sturm- und Drang-Dichter Lenz.
Als Kennzeichen für Goethes damalige Stellung und seine materiellen Möglichkeiten mag die Tatsache gelten, daß er zeitweise eine Köchin und drei Diener beschäftigt hat, ganz abgesehen von den Handwerkern und den Gartenarbeitern, die die am Haus erforderlichen und gewünschten Reparaturen und Änderungen ausführten und die seine gärtnerischen Pläne verwirklichten. 1777 hat er einen Altan an der Südseite des Hauses anbauen lassen, den er in warmen Sommernächten häufig zum Schlafen benutzt hat, zu Stunden intensiven Naturerlebens. Später hat er ihn wieder abreißen lassen.
Die Außenwände des Hauses waren mit Spalieren versehen. Goethe ließ dort Weinstöcke aus Frankfurt pflanzen; der besondere Schmuck war jedoch die dichte Hülle aus dunkelroten Kletterrosen, die bis ans Dach reichte. Es handelte sich dabei um die Tapetenrose (*Rosa turbinata* oder *Rosa Francofurtana* = *R. cinnamomea* × *R. gallica*).
Eine weitere schöne Besonderheit seines Gartens muß eine Malvenallee gewesen sein; der Hauptweg des Gartens war beidseitig mit einer Doppelreihe aus Stockrosen eingefaßt. Wenn sie in voller Blüte standen, veranstaltete Goethe ihnen zur Ehre kleine Feste.
Nach Jahren der Distanz zog es ihn im Alter immer stärker, oft für Tage und Wochen in diese Ruhe und Abgeschiedenheit, wenn ihn in seinem Stadthause Bewohner und Besucher störten. Am liebsten wäre er auch in seinem Garten begraben worden, hat aber dem Wunsch des Fürstenhauses entsprochen und sich in der Fürstengruft neben Friedrich Schiller und seinem Freund und Gönner, dem Großherzog Carl August, beisetzen lassen.

Das Gartenhaus des Herzogs von Enghien in Ettenheim/Baden

»Enghien«; wir lassen uns den Namen buchstabieren. Später, zu Haus, finden wir in Meyers Lexikon von 1925: *»Enghien, Louis Antoine Henri von Bourbon-Condé, geb. 2. 8. 1772 in Chantilly, emigrierte 1789, trat 1792 in das Emigrantenkorps seines Großvaters und lebte seit 1803 zu Ettenheim in Baden. Am 15. März 1804 auf Befehl Napoleons, der die Bourbonen schrecken wollte, verhaftet, wurde er zum Tode verurteilt und am 21. März erschossen. Dieser Justizmord erregte großes Aufsehen und veranlaßte viele Schriften.«*

Ihm und seiner Frau, der Prinzessin de Rohan-Rochefort, Nichte des Kardinals Louis de Rohan (1734–1803), hat also dieses schöne zweistöckige Gartenhaus für kurze Zeit gehört.

Die jetzige Besitzerin, Frau K., eine sehr lebhafte ältere Dame, zeigt uns den immer noch selbst bewirtschafteten Garten und das Haus und beantwortet unsere Fragen.

Ihre Urgroßeltern erwarben den Garten und das Gartenhaus. Sie betrieben in Ettenheim eine Bierbrauerei, eine Wirtschaft, eine große Landwirtschaft und auch Rebbau. Weil ihr Hauskeller zur Gärung und Lagerung von Bier und Wein nicht geeignet und zu klein war, wurde im Jahre 1822 anschließend an das Gartenhaus ein gewölbter Keller zur Biergärung und Lagerung angebaut.

Nach und nach wurde im Garten eine Sommerwirtschaft, auch eine Kegelbahn eingerichtet. Im unteren Raum des Gartenhäuschens war der Bierausschank und – bei Bedarf – saß man bei Kerzen- oder Petroleumlicht im oberen Stübchen bei Unterhaltung und Kartenspiel.

Das unter Denkmalschutz stehende Haus wurde 1958 von der Stadt Ettenheim erworben und 1959/60 restauriert. Das Nutzungsrecht blieb bei den Voreigentümern. Der angebaute Keller wurde abgerissen, da er im Verdacht stand, die Durchfeuchtung und Schädigung des Mauerwerks zu fördern.

Das Gebäude ist mit seiner Rückseite in den Hang hineingebaut; so erreichen wir über eine kleine Steintreppe das Obergeschoß und betreten einen lichten Raum mit herrlicher Aussicht.

30 Das Gartenhaus des Herzogs von Enghien in Ettenheim/Baden, erbaut 1755–1757.

Dem Raum ist anzusehen, daß er seit langem nicht mehr genutzt wird. Die Formen von Geselligkeit und Vergnügen haben sich gewandelt; zurückgeblieben ist der Geruch von altem Mauerwerk, Holz und Staub.

Das Untergeschoß dient jetzt als Lager für Gartengeräte, Früchte und Gemüse. Wir machen ein paar Fotos, freuen uns über die üppigen Hortensienbüsche und geraten ins gärtnerische Fachsimpeln. Am Wegesrand in der Blumenrabatte entdecke ich einen alten Rosenstrauch, den Blättern und dem Wuchs nach eine *Rosa gallica*.

Ja, das sei die Rose des Kardinals de Rohan, erklärt mir Frau K. und bietet mir Wurzelableger an, die ich auch gerne mitnehme. Gestreift, rot und weiß, soll sie sein – vielleicht Rosa gallica versicolor (Rosa mundi)? Ich bin auf den nächsten Sommer gespannt.

Ob sie wirklich die Rose des Kardinals ist?

Rosa mundi ist jedenfalls seit 1583 bekannt und angesichts der Vitalität und Frosthärte der meisten Gallica-Hybriden kann es schon sein, daß sie seit Rohans Zeiten an diesem Platze wächst.

Das Lenzhäuschen in Emmendingen/Baden

Heute beherbergt das Lenzhäuschen in Emmendingen das Sanierungsbüro der Stadt. Den zugehörigen Garten hat das Schicksal vieler innerstädtischer Grundstücke ereilt: er ist zum größten Teil Parkplatz geworden. So steht es etwas verloren in einer Restfläche Rasen mit dem Rücken zur Wand. Diese Wand, die alte Stadtmauer, wurde 1581 errichtet, kurz bevor Emmendingen 1590 die Stadtrechte erhielt. Etwa in dieser Zeit muß auch das zum Markgrafenschloß gehörende Sommerhäuschen erbaut worden sein.
Die Lage an einer den Garten begrenzenden Mauer sowie die Zweigeschossigkeit sind verbindende Merkmale vieler Gartenhäuser des ausgehenden 16. und des beginnenden 17. Jahrhunderts.
Während der untere offene Raum mit dem Garten in engem Kontakt steht oder sich – wie hier – als Vorratsraum dem Garten eher verschließt, dient der obere Raum dem geselligen Aufenthalt, der Aussicht in die freie Landschaft oder der Betrachtung des Gartens.
Seinen Namen »Lenzhäuschen« verdankt dieses Gartenhaus dem Dichter Jakob Michael Reinhold Lenz (1751–1792), der 1778 nach Emmendingen kam und zeitweilig in diesem Hause lebte.

31 Das Lenzhäuschen in Emmendingen/Baden.

BEISPIELE VON PERGOLEN, LAUBEN UND GARTENHÄUSERN

Lauben aus Pflanzen

BÄUME

Die einfachste Form eines geschützten Platzes im Garten ist das Blätterdach von Bäumen. Je nach Standort und Art der Bäume bieten sich unterschiedliche Erlebnisse und Nutzungsmöglichkeiten. Ein breitkroniger Baum in einiger Entfernung vom Haus kann zum beliebten Freisitz im Garten werden. Bei gutem Wetter kann der geschützte Terrassenbereich verlassen werden, und je nach Bedarf Liegen oder Tisch und Stühle in die Sonne, in den Halbschatten oder ganz in den Schatten gerückt werden. Man kann in den warmen Frühlingstagen unter Blüten, im Herbst unter den reifenden Äpfeln sitzen. Ein solches Baumdach bietet einen räumlichen Schutz, ohne die Natur auszuschließen; es erhöht das Naturerlebnis und läßt die unterschiedlichen Jahreszeiten deutlich erlebbar werden.

In der Regel wird man sich einen bereits vorhandenen, schönen und geeigneten Baum im Garten für einen solchen Platz aussuchen. Wenn man jedoch einen Garten neu anlegt, kann man sich noch überlegen, wo man später unter einem Baum sitzen möchte und ihn vorausschauend dort pflanzen. Auch hier gilt, wie überhaupt beim »Gärtnern«, daß »gut Ding Weile« haben will. Man muß sich schon auf 10–15 Jahre Wartezeit einstellen, bis der Baum in der beschriebenen Form nutzbar ist. Geeignete Bäume sind u.a. Obstgehölze, wie Apfelbaum, Süßkirsche, Hauszwetschge und Walnuß, aber auch einheimische Laubbäume, wie Spitzahorn, Eberesche und Hainbuche. Größere Bäume wie Linden, Kastanien und Buchen sind nur für große Grundstücke geeignet. Hierbei muß auch beachtet werden, daß einige Bäume, wie z.B. die Kastanie, durch ihre dichte Belaubung eine große Fläche so stark beschatten, daß darunter kaum etwas – auch kein Rasen – wachsen kann.

32 Angenehmer Aufenthaltsort unter einem Zwetschgenbaum im Hausgarten. Entwurf: Gartenarchitekt R. Weddige, Hannover.

◁ 33 Mit Natursteinen gepflasterter, leicht erhöhter Sitzplatz unter einem Obstbaum in einem Sommerhausgarten in Rørvig in Dänemark.

34 Halbrunde Sitzbank, eingepaßt zwischen zwei Bäumen, in einem wiederhergestellten historischen Garten in Berlin. Entwurf von A. Wollenberg, 1912.

◁ 35 Rundbank aus Holz um den Stamm eines Apfelbaumes in einem Hausgarten in Hannover-Bothfeld. Je nach Wunsch kann man mehr in der Sonne oder mehr im Schatten sitzen. Entwurf: Architekt E. Ostermeyer, Hannover.

HÄNGEBÄUME

Die dicht belaubten, bis auf die Erde herunterhängenden Zweige von Hängebäumen bilden verschwiegene »grüne Zimmer im Freien« und geben Schutz vor Blicken, Sonne, Wind und leichtem Regen. Unter der Krone des Baumes ist Platz für eine Bank, einen Liegestuhl oder eine Sitzgruppe. Der Ausblick von dort auf den Garten wird durch das dichte Blätterdach auf einen »gerahmten« Ausschnitt beschränkt. Dadurch ergeben sich zusätzliche, reizvolle Perspektiven des Gartens.

Neben der Hängeulme eignen sich die Hängeesche, der Schnurbaum und die Trauerbirke. Für größere, landschaftlich gestaltete Gärten kommen auch die Hängebuche und die Trauerweide in Frage.

36 Hängeulme über einem Sitzplatz mit »Grotte«, aufgenommen im Herbst.

37 Hängeesche mit Parkbank im Botanischen Garten von Cambridge, England.

38 Hängeesche in einem alten Bauerngarten im Bergischen Land.

39 Schnurbaum über einer Eingangsveranda in Rüdesheim.

40 Sitzplatz unter einer Hängeulme im Park Wilhelmshöhe in Kassel. ▷

BAUMLAUBEN

Bei der Baumlaube wird die natürliche Wuchsform der Pflanzen in gewünschte Formen gebracht. Die Gehölze werden durch Beschneiden, Verflechten und Zusammenbinden dazu erzogen, dichte »Dächer« und »Wände« zu bilden und werden dadurch zu Elementen einer Bioarchitektur. Beim Ziehen einer Baumlaube spielt sicherlich neben dem erwünschten Nutzen auch der Spaß eine Rolle, spielerisch mit der Natur zu bauen, ihr dem eigenen Schönheitsempfinden entsprechend neue Form zu geben. Hecken mit eingeschnittenen Türen und Fenstern, Zinnen und Türmchen, ganze Figurengärten aus Eibe oder Buchs in England und auch im Oldenburgischen zeugen davon. Wiechula (in Minke, G. 1982) schlug um 1925 sogar vor, die Verwachsungskraft von Ästen und Stämmen zu nutzen, um z. B. Gartenhäuser, Brücken und mehrgeschossige Wohnhäuser mit wärmeisolierendem Dreifachdach zu erzeugen.

Wenn man heutzutage seinen Garten mit einer Baumlaube ausstatten möchte, so kann sie aus Hainbuchen, Linden, Kornelkirschen oder Eiben gezogen werden. Am gewünschten Standort baut man ein Gerüst aus Holz oder Metall in der zukünftigen Form der Laube, pflanzt im Abstand von etwa 30–50 cm Heckenpflanzen der gewählten Art von 175–200 cm Höhe, verflicht und verbindet die Zweige miteinander und mit dem Gerüst und beschneidet sie regelmäßig entsprechend der gewünschten Form. So wird sich schon nach relativ kurzer Zeit (ca. 2 Jahre) ein nutzbares Ergebnis einstellen.

41 Hainbuchenlaube in einem Privatgarten in Lahr/Baden. Zustand zwei Jahre nach der Anlage. Entwurf: Gartenarchitekt E. Riedel, Lahr.

43 Lindenlaube in Hannover-Waldheim. Von einer Pflanzreihe Linden im Hintergrund sind die Zweige über ein leichtes Lattengestell nach vorn gezogen und durch Schnitt in Form gebracht.

44 Laubengang aus Linden an der Löwenburg im Park Wilhelmshöhe in Kassel.

◁ *42 Blick aus der Laube der Abb. 41 auf den Garten.*

45 Halbrunde Bank in einer muschelförmigen Pflanzenlaube. Das hintere Halbrund kann aus den Stämmen von Hainbuchen gebildet werden, die mit querverspannten Drähten in Form gehalten werden. Denkbar ist auch noch eine konstruktive Lösung, die dann berankt wird.

46 So könnte die Konstruktion der Laube in Abb. 45 aussehen. Das Material: verzinktes Stahlrohr ∅ 35 mm, in Punktfundamenten mit Hülsen befestigt; Höhe: 2,30 m, Breite: 2,80 m. Zusätzlich Drahtbespannung als Rankhilfe oder zum Anbinden von Heckenpflanzen. Um zu verhindern, daß die Drähte verrutschen, kann man sie durch aufgeschweißte Ösen ziehen.

Eine weitere schlichte, aber wenig dauerhafte Lösung: Biegsame Ruten oder dünne Äste von Weiden, Obst- oder anderen Laubbäumen, die bei Pflegemaßnahmen in Gärten anfallen, werden im Halbkreis in den Boden gesteckt und mit Bindfaden oder Bindedraht in die gewünschte Form gebracht. Sie werden mit schnellwachsenden einjährigen Pflanzen, z. B. Feuerbohnen, Trichterwinden, Cobea u. a., berankt.

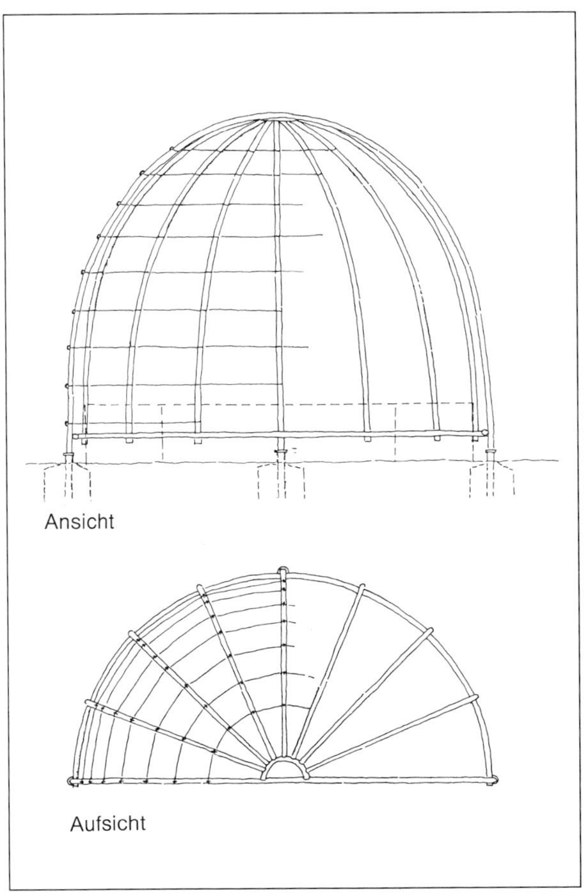

Gebaute Lauben und Pergolen

47 △

48 ▽

WEINLAUBEN

Weinlauben konventioneller Art findet man überwiegend in ländlichen Gebieten und in südlichen Ländern. Die Stützen bestehen aus leichten Hölzern oder Eisenrohren, dazwischen sind Drähte gespannt, die dem Wein als Rankhilfe dienen. Auf diese Weise wird das Nützliche mit dem Schönen verbunden: einerseits sind so die Früchte der Sonne zur Reifung ausgesetzt, andererseits entstehen schattige Plätze, die zu Geselligkeit, Essen und Trinken einladen.
Die echte Weinrebe *(Vitis vinifera)* ist eine alte Kulturpflanze, die vermutlich aus dem Kaukasus stammt. Schon seit altersher wird sie zur Weinherstellung kultiviert, benötigt dazu allerdings eine intensive Pflege. Sie ist ein starkwüchsiges Gehölz (10–15 m hoch), wird sehr alt, kann jedoch nur in warmer und geschützter Lage in lehmig-humosen Böden gezogen werden. Ansonsten ist sie anspruchsloser als man landläufig meint. Es gibt auch noch weitere Rebenarten, die sich besonders durch ihr dekoratives Laub auszeichnen; leider sind sie alle im Handel schwer erhältlich, sie sollten viel häufiger Verwendung finden.

47 Weinlaube an einem Bauernhof in Hagenau/Altmark, DDR.

48 Weinlaube in Hannover-Kleefeld.

49 Weinlaube in Plovdiv, Bulgarien.

50 Typische Weinlaube in Levanto, Italien.

51 Gartenlaube in Holzkonstruktion als Rankhilfe, aufgenommen im Winter in einem englischen »cottage garden« in Stratford upon Avon/Warwickshire.

52 Ein dichtes Weinlaubendach schützt diese Gasthofsterrasse in Rüdesheim. In Weinbaugebieten trifft man oft auf diese Form der Begrünung.

53–55 Konstruktionsmöglichkeiten für leichte Weinlauben und Laubengänge: ▽

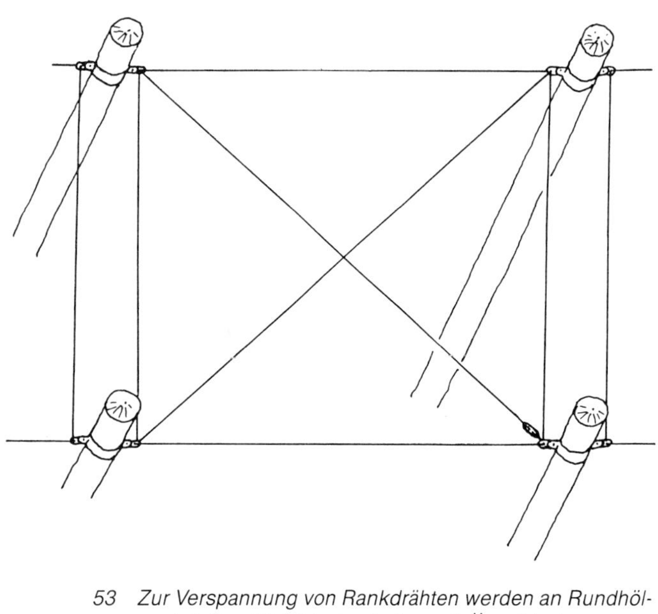

53 Zur Verspannung von Rankdrähten werden an Rundhölzern mehrteilige Stahlblechschellen mit Ösenblechen angebracht. Es ergibt sich eine Vielzahl von Variationsmöglichkeiten: So können z. B. auch die Seitenflächen ganz oder teilweise bespannt werden.

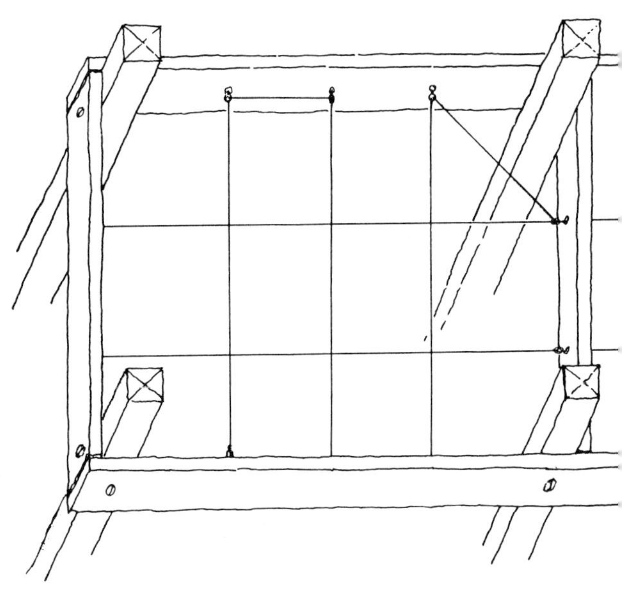

54 Leichte Form einer Rahmenpergola. Die inneren Pergolenbretter sind durch Rankdrähte ersetzt.

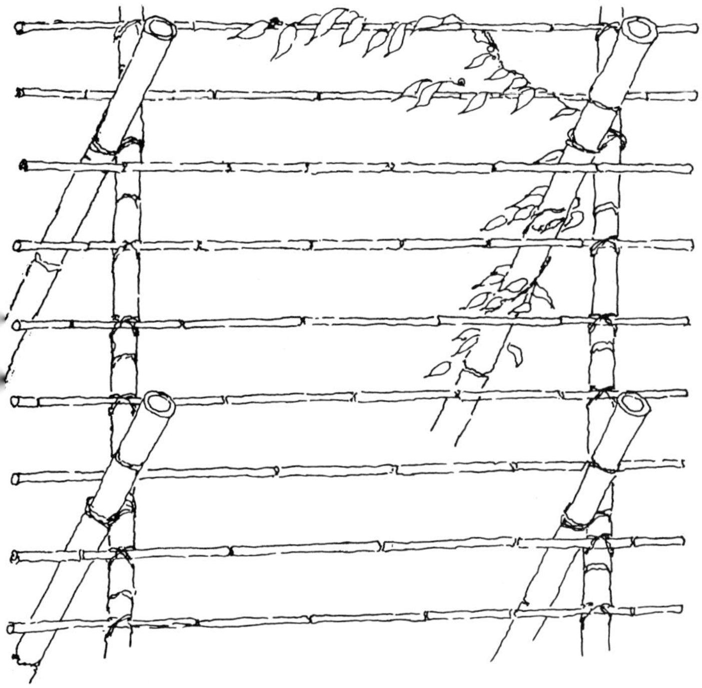

55 Sind keine großen Belastungen durch den Bewuchs, durch Wind oder Schneelast zu erwarten, ist ein Gestell aus gebundenen Bambusstäben eine reizvolle und preiswerte Lösung.

57 △

56/57 Beispiel eines Rankgerüsts aus Bambusstäben in einem kleinen Hof in Hannover Linden-Süd. Abb. 57 zeigt eine Befestigungsmöglichkeit des Gerüsts an einer Mauer. Entwurf: Gruppe Freiraumplanung, Hannover.

58 Eine Weinlaube läßt selbst die Garageneinfahrt und den Zugang zum Haus freundlich aussehen.

59 a ▷

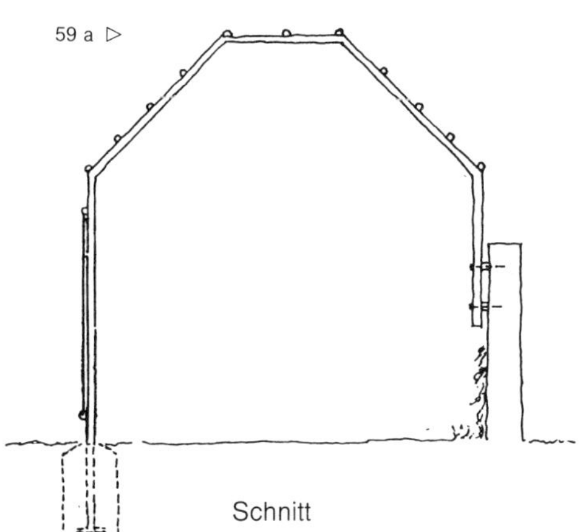

Schnitt

59 b ▷

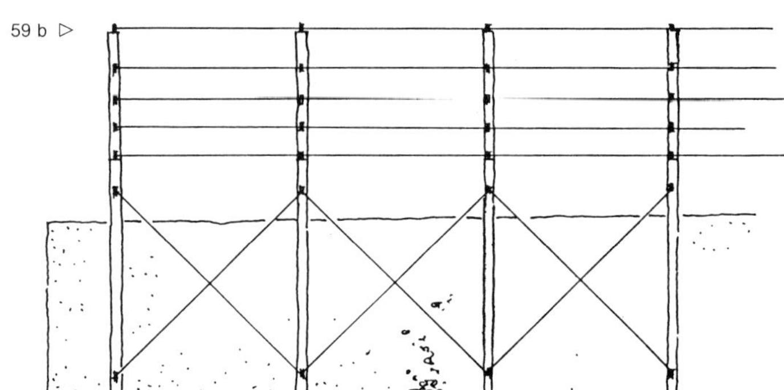

Seitenansicht

◁ 59 a, b Konstruktionsbeispiel für eine solche weinberankte Grundstückszufahrt: Einzelne Bügel aus runden oder Rechteckstahlrohren werden in Punktfundamente gesetzt oder an vorhandene Mauern geschraubt. Durch angeschweißte Führungsösen wird Spanndraht gezogen und mit Zaunspannern gestrafft. Die Drahtverspannung kann auch durch Holzlatten ersetzt werden, die auf angeschweißte Lochlaschen geschraubt werden. Alle Metallteile müssen feuerverzinkt sein und können später farbig gestrichen werden.

60 Sitzecke in einem sog. »walled garden« in Westbury Court/Gloucestershire, Südengland. Die Ecklaube, eine offene Holzkonstruktion mit Eisenbändern als Kuppel, ist locker berankt mit Clematis viticella.

61 Diese Konstruktion (Material: Quadratstahl nach DIN 1014, 12 × 12 mm) eignet sich gut zum Anlehnen an eine Gartenmauer oder eine Hauswand – als berankte Laube, Laubengang, Überdachung eines Balkons oder wie hier einer kleinen Veranda, vgl. Abb. 62. ▷

62 Auch ohne Bodenschluß kann man auf Terrassen und Dächern üppige Berankung erzielen. Diese Laube befindet sich auf dem Dach einer Bank in Levanto, Italien. ▽

63 Rankbogen mit Waldrebe (Clematis) *am Eingang eines Kleingartens in Berlin.* ▷ ▷

64 Eingangsportal von Hillbarn House in Great Bedwyn/ Wiltshire, Südengland, bewußt als Zwischenglied vom Garten zum Haus eingesetzt. ▷ ▷

RANKBÖGEN

Die kleinste Form einer Pergola ist ein Rankbogen. Am Eingang zum Grundstück oder im Vorgarten über dem Weg plaziert ist er eine einfache und schöne Art, den Besucher zu begrüßen, ihm das Gefühl zu geben, durch ein Tor in einen anderen Bereich zu kommen. Man findet Rankbögen heute leider fast nur noch in Kleingärten. Dabei sind sie sehr gut geeignet, um z. B. einem Vorgarten ein »eigenes Gesicht« zu geben oder in einen anderen Gartenbereich überzuleiten. Traditionell werden sie aus Holz (Rund- oder Kanthölzer) hergestellt, sie können zugunsten einer längeren Haltbarkeit aber auch aus Metall bestehen. Hierfür gibt es einige gelungene Beispiele, die auch als Fertigprodukte erhältlich sind.

◁ 63

64 ▽

65 Mit Rosen überwachsener Seitenzugang eines Bauernhofes in Niedersachsen.

66 Rosenbogen am Eingang eines Kleingartens.

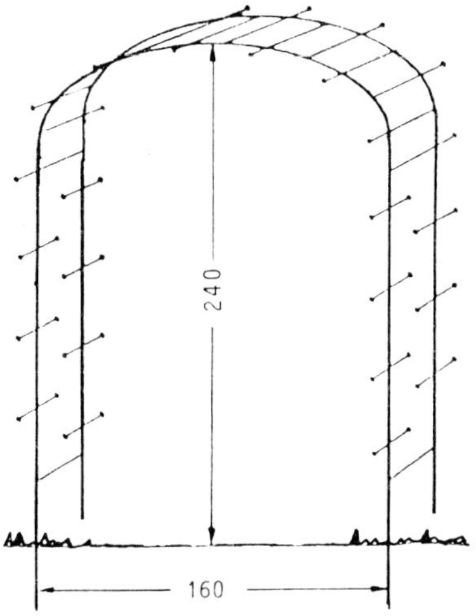

67 Rosenbogen aus Metall, als Fertigprodukt erhältlich. Die Triebe werden zwischen die offenen Querstreben gewunden.

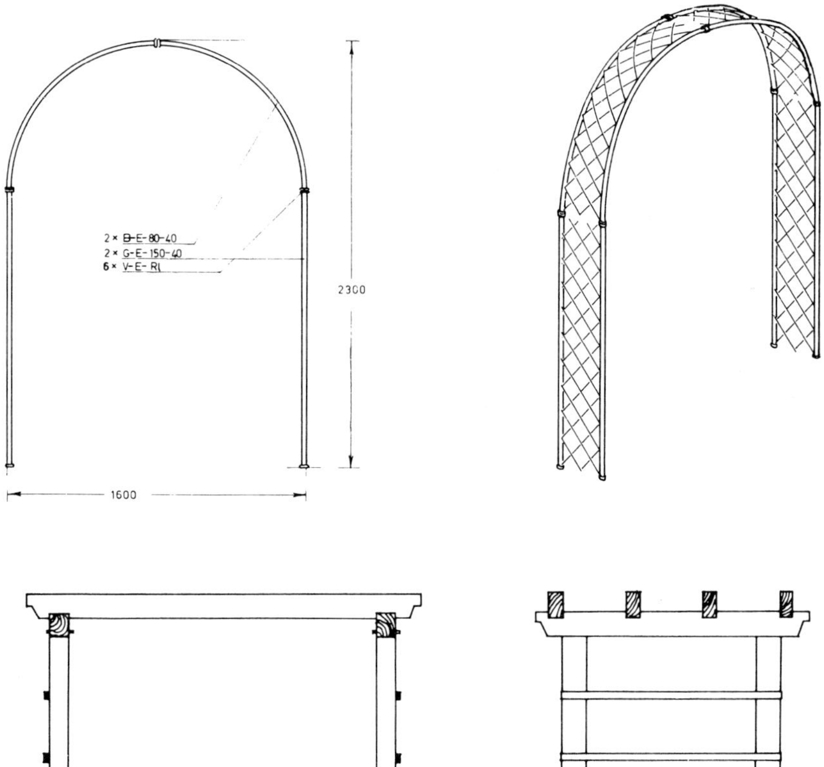

68 Beispiel eines Rosenbogens in Fertigbauweise aus Metall.

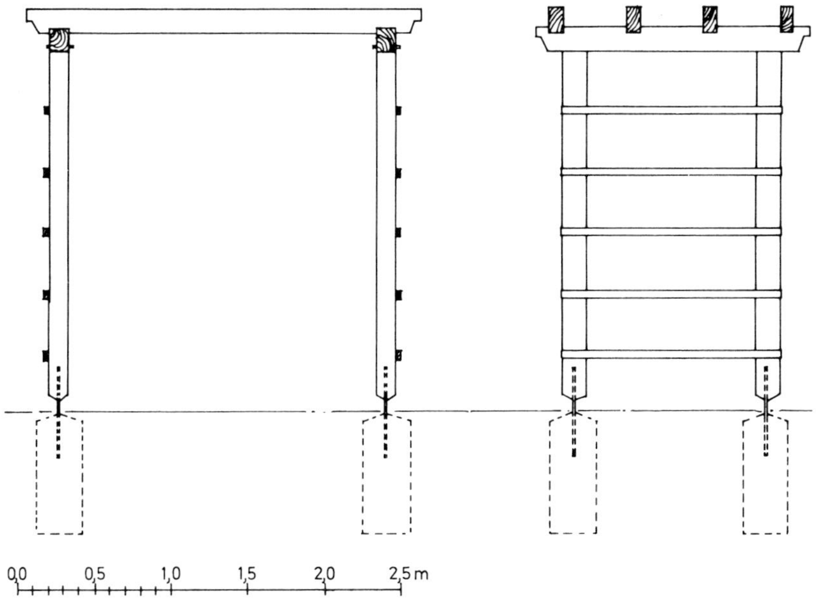

69 Konstruktionszeichnung eines Rankgerüstes nach A. Seifert.

Beispielmaße	
Stützen	12/16 cm
Unterzüge	12/16 cm
Oberhölzer	8/16 cm
Latten	3/ 5 cm
Innenhöhe	250 cm
Innenbreite	200 cm
Tiefe	142 cm
Betonfundamente	35/35/80 cm
Abstand Erde–Holz	mind. 5 cm

Befestigung im Fundament mit Rundstahldorn oder Gabelanker

70 Pergola in einem Hausgarten in Lahr/Baden. Entwurf: Gartenarchitekt E. Riedel, Lahr.

PERGOLEN UND LAUBENGÄNGE

Pergolen und Laubengänge sind schon immer wichtige gestalterische Mittel der Gartenkunst gewesen. Sie dienen zur Betonung der Hauptlinien einer Anlage, zur Gliederung des hausnahen Bereichs oder des Gartens, zur Überleitung und Verbindung zwischen Haus und Garten. Gleichzeitig vermitteln sie das Gefühl von Geborgenheit und bieten Schutz vor unerwünschter Einsicht, vor Wind und Sonne. Sie bilden geeignete Rankgerüste für Schling- und Kletterpflanzen.

Der Unterschied zwischen Pergola und Laubengang besteht darin, daß die Pergola zumeist eine waagerechte, offene Abdeckung hat und seitlich offen ist, wohingegen der Laubengang eher bogenförmig und an den Seiten mehr geschlossen ist.

Es gibt vielfältige Konstruktionsweisen von Pergolen, die leider angesichts des zumeist recht einförmigen Angebotes auf dem Fertigproduktsektor zunehmend in Vergessenheit geraten. Grundsätzlich bestehen sie aus *Stützen* oder *Pfeilern,* darauf liegen die – zumeist längs verlaufenden – *Unterzüge, Traghölzer* oder *Pfetten,* worauf die überstehenden *Oberhölzer, Auflagehölzer* oder *Sparren* in Querrichtung montiert werden. Dieses ist die sogenannte Auflagepergola.

Möglich sind auch Rahmenpergolen, bei denen die Unterzüge mit den Stützen eine Einheit und somit einen Rahmen bilden, worauf die Oberhölzer direkt montiert werden. Zu diesen Grundformen gibt es zahlreiche Varianten, sowohl in bezug auf das Material als auch auf die Konstruktion. So können die Stützen außer aus Holz auch aus Natursteinmonolithen oder Stahlbeton, aber auch aus mit Klinkern gemauerten Pfeilern bestehen. Als Oberhölzer kann man Rundhölzer, Kanthölzer oder Bohlen verwenden.

Auch für die Aufstellung von Pergolen gilt, daß sowohl das Material als auch die Konstruktion auf die jeweilige Situation – Größe des Gartens, Baustil des Hauses, etc. – und auf die erwünschte Funktion abgestimmt werden müssen. So sollte man überlegen, ob die Pergola mehr einen architektonischen Charakter haben soll; dann muß auf die Auswahl, Stärke und Bearbeitung des Materials besonders geachtet werden. Eine Berankung ist in diesem Fall von geringer Bedeutung. Wenn dagegen eher eine pflanzliche Wirkung erzielt werden soll, dann kann das Material einfacher beschaffen sein, da es als Rankhilfe dienen soll und schon bald verdeckt sein wird. Soll eine Pergola eher die Funktion eines Laubengangs haben, ist neben einer angemessenen Anordnung und Gestaltung darauf zu achten, daß sie nicht zu lang wird und daß sie zu einem Ziel hinführt, wie z. B. zu einem Sitzplatz oder zu einer Laube.

Von sehr großer Bedeutung für die Wirkung, aber auch für mögliche Nutzungen, ist die Standortwahl einer Pergola. Hier sind u. a. die Anlehnung an eine Mauer oder einen Zaun, eine wegbegleitende Anordnung oder ein direkter Anbau am Haus möglich (vgl. Abb. 73–78).

71 Mit Rosen berankter Laubengang aus leichten Metallstreben in einem Garten in St. Jean-du-Gard, Cevennen, Frankreich.

Neben diesen gestalterischen Grundüberlegungen müssen unbedingt die technischen Aspekte, wie Standsicherheit, Imprägnierung, sach- und fachgerechte Verarbeitung des Materials, etc. beachtet werden.
Wichtig für die Stabilität ist z. B. die Wahl der richtigen Profilstärken und einer entsprechenden Konstruktion. Die Stützen der Pergola sollten in einem Fundament (ca. 30 × 30 × 80 cm) aus Beton (B 10) verankert werden; hierfür gibt es verschiedene Möglichkeiten, vgl. Abb. 87–89. Die Bodenfreiheit der Stütze muß mindestens 5 cm betragen, da das Holz sonst zu schnell verrottet (s. Holzschutz S. 54). Die Verbindung zwischen Stütze und Pfette kann durch Auflegen und Vernageln oder durch fachgerechtes Verzapfen hergestellt werden, vgl. Abb. 79–86. Bei der Befestigung der Oberhölzer auf den Pfetten durch »Aufkämmen« ist darauf zu achten, daß die Oberhölzer von unten eingekerbt werden und nicht womöglich die Pfette von oben – hier würde sich sofort Wasser sammeln. Aus dem gleichen Grund sollten auch die freien Enden der Oberhölzer und Pfetten schräg nach unten zugeschnitten werden.
Möchte man nun sein Haus oder seinen Garten um eine Pergola erweitern, so kann man entweder einen Architekten beauftragen, sie selbst planen, sich die Hölzer zuschneiden lassen und diese montieren oder auf Fertigprodukte zurückgreifen. In jedem Fall sollte zumindest der Rat von Fachleuten eingeholt werden, um spätere Enttäuschungen zu vermeiden.

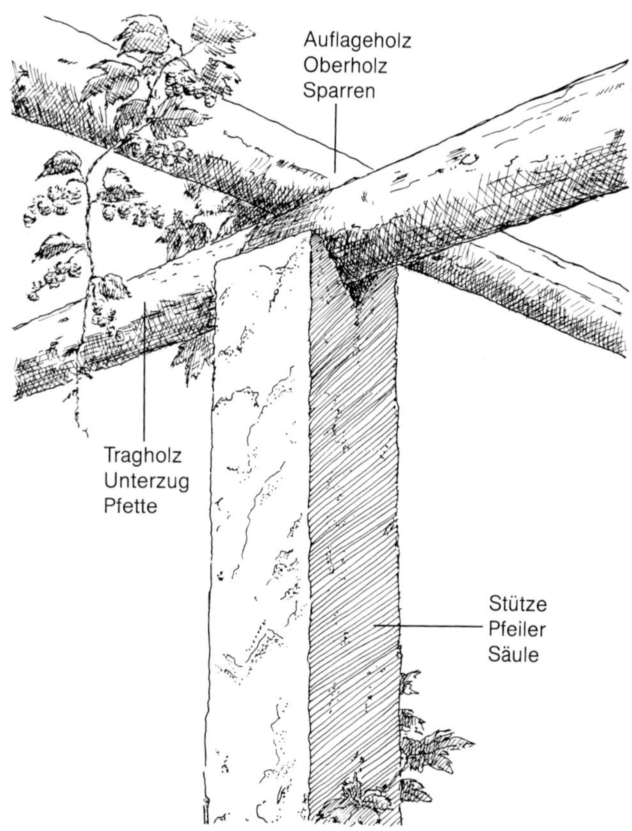

72 Detail einer Pergola in den Demonstrationsgärten des Instituts für Grünplanung in Hannover-Herrenhausen. Die Stützen sind hier aus Natursteinmonolithen (Anröchter Dolomit bzw. rötlicher Wesersandstein), die Unterzüge und die Auflagen aus Rundhölzern.

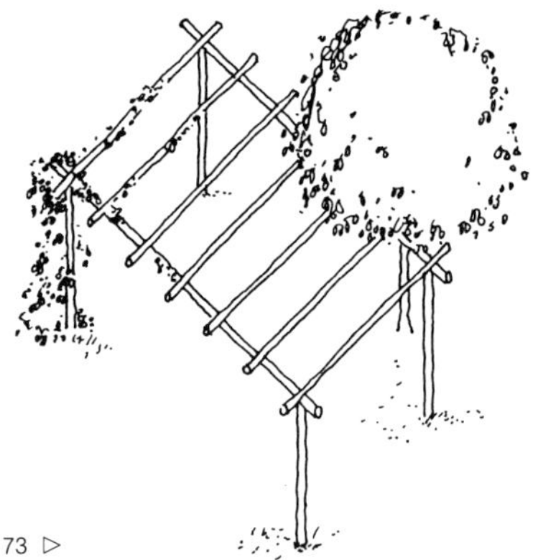

73 ▷

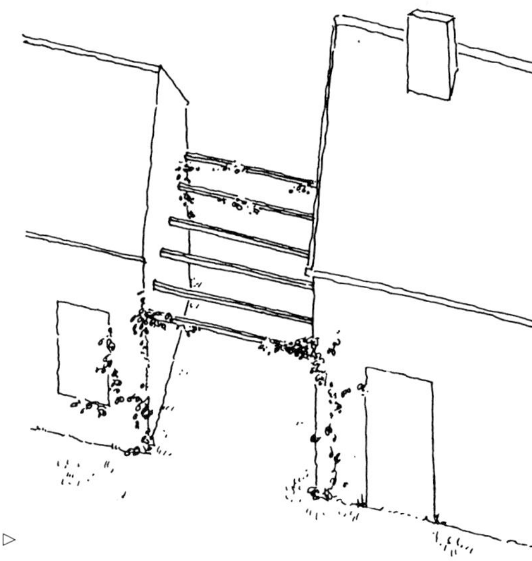

74 ▷

73–78 Mögliche Standorte von Pergolen und Laubengängen.

73 freistehend
74 zwischen Gebäuden eingespannt
75 auf eine Gartenmauer aufgelegt
76 als Laubengang entlang einer Mauer

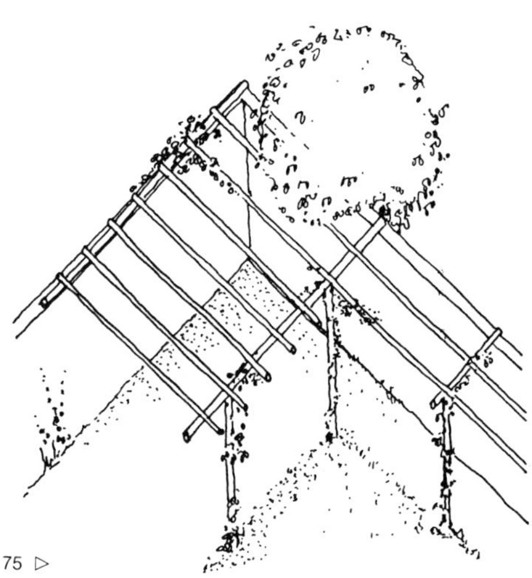

75 ▷

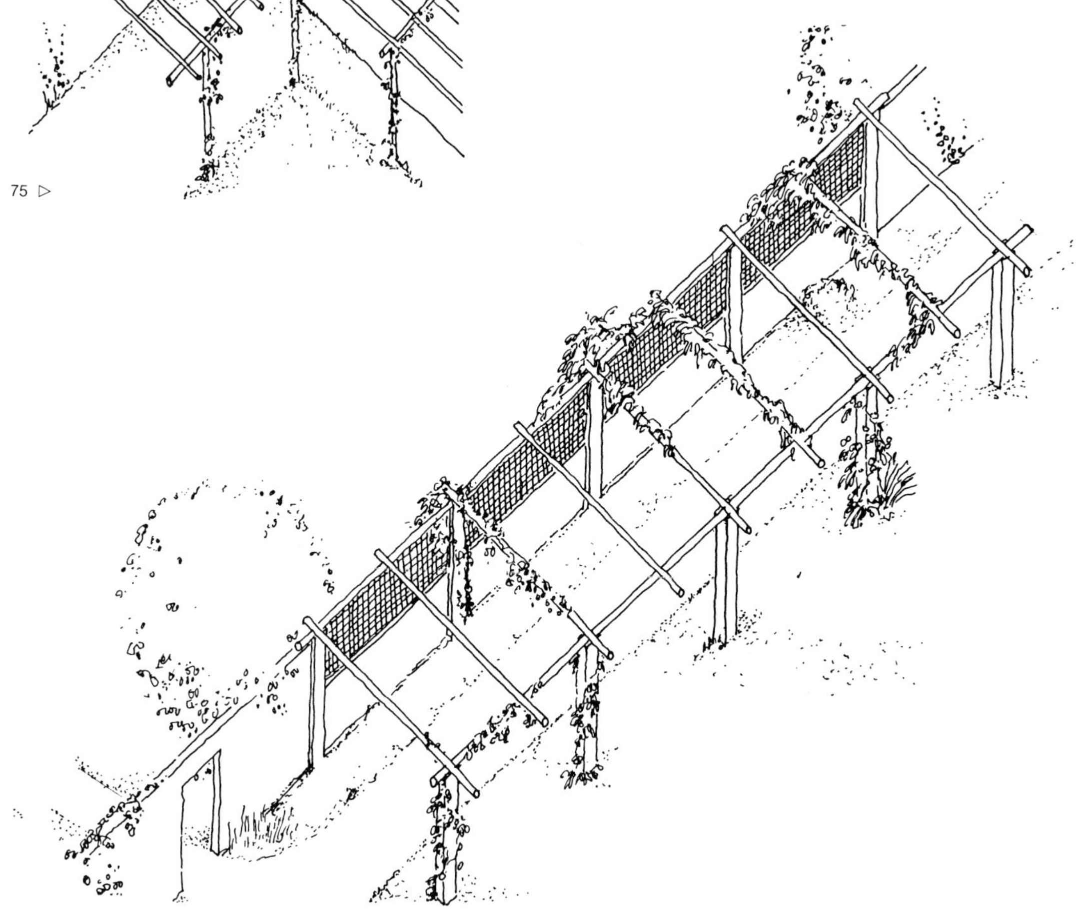

76 ▷

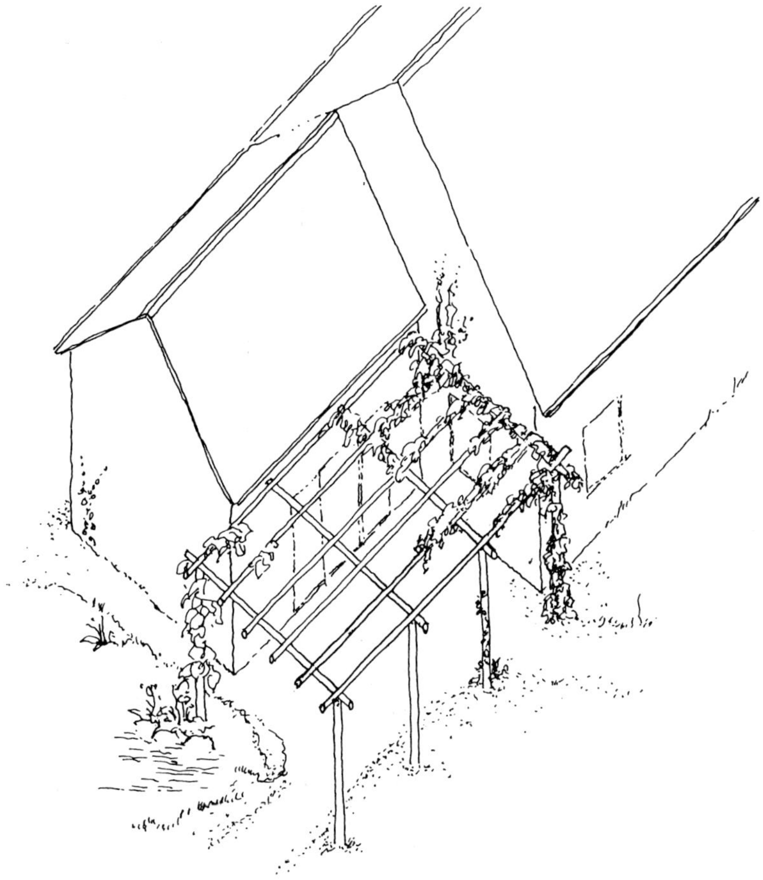

77 in einer Gebäudenische △
78 um ein Gebäude umlaufend ▽

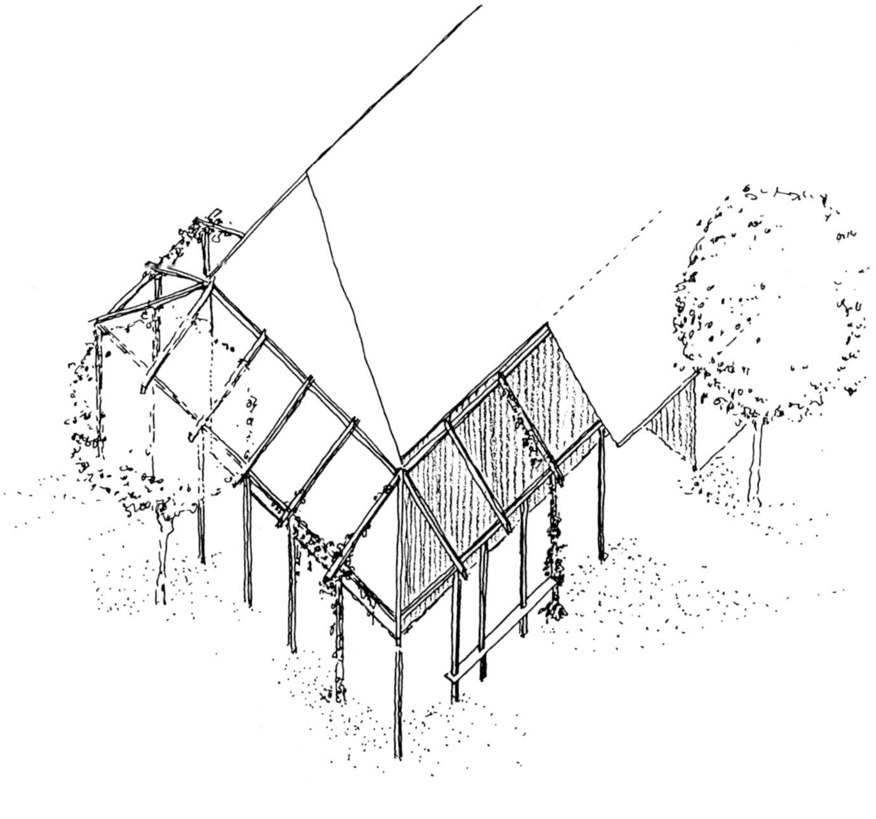

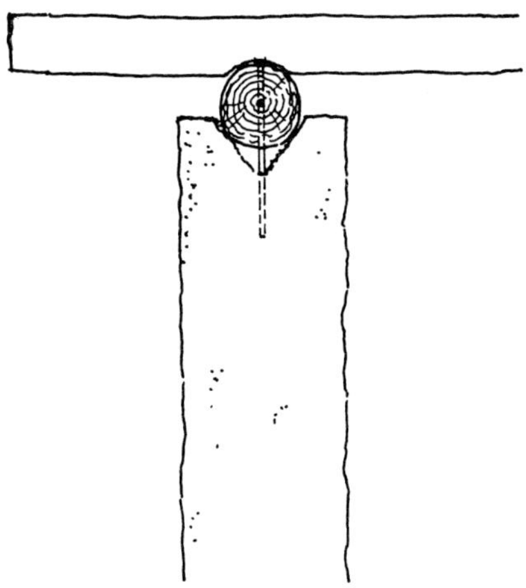

79 ▷

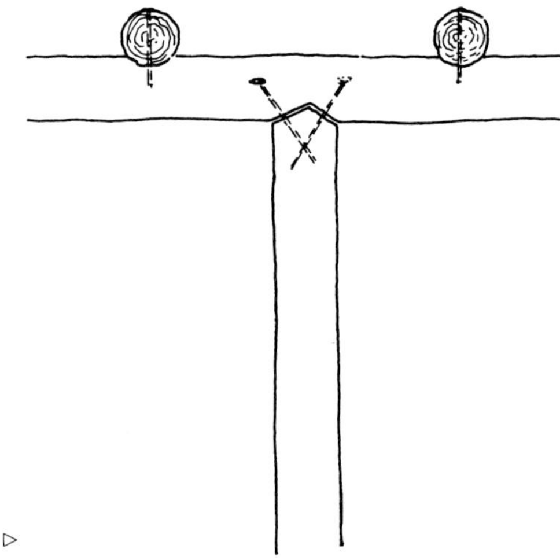

82 ▷

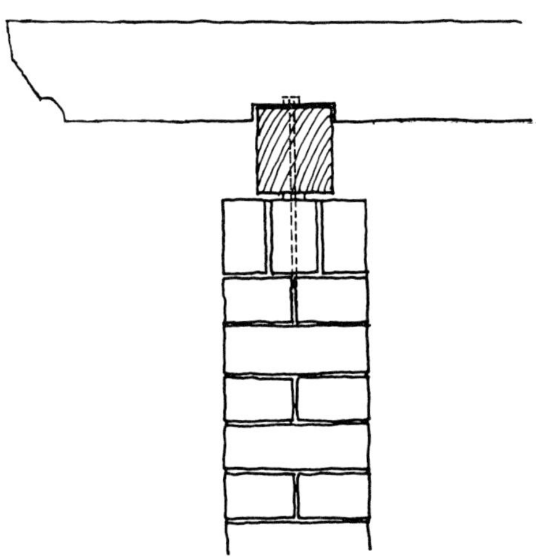

80 ▷

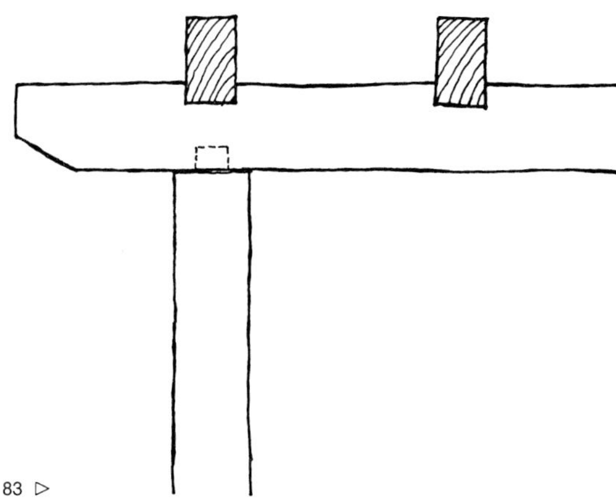

83 ▷

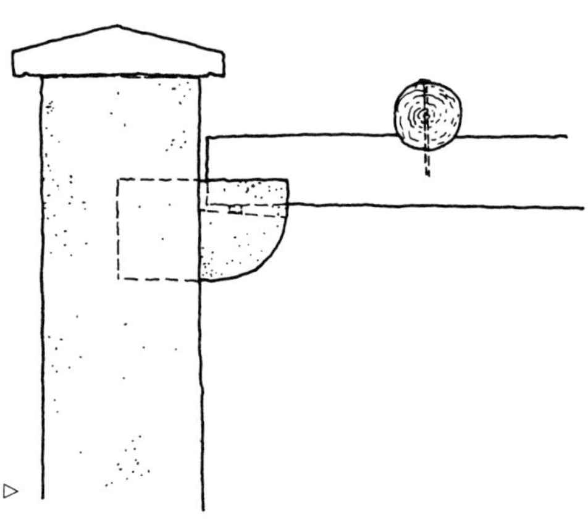

81 ▷

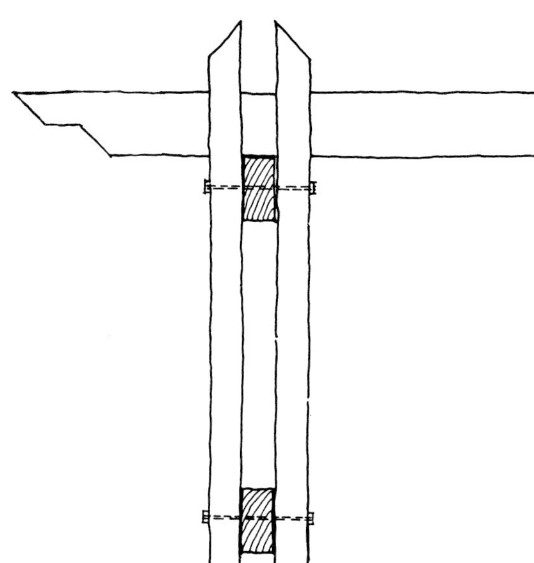

84 ▷

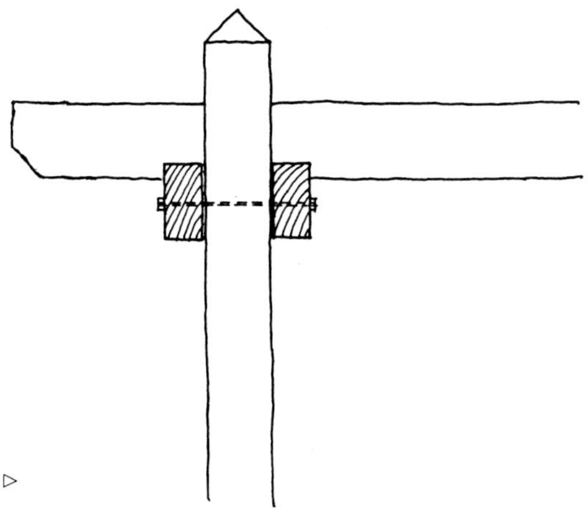

85 ▷

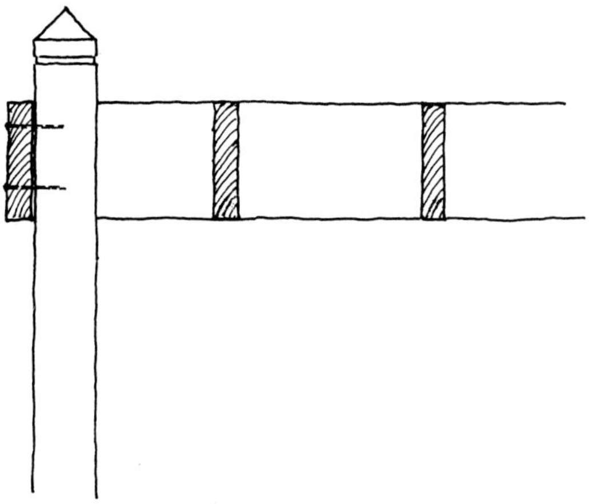

86 ▷

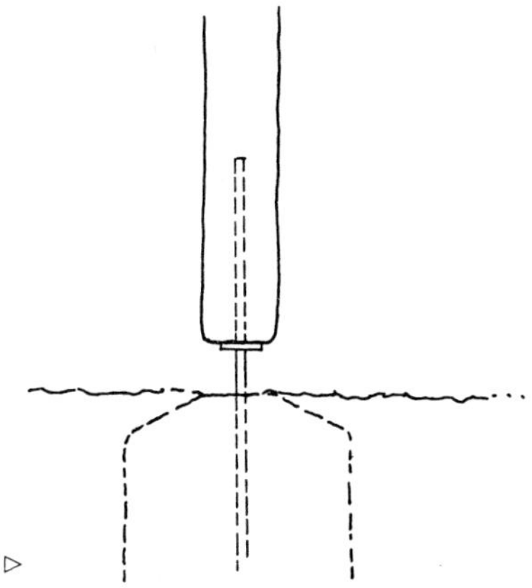

87 ▷

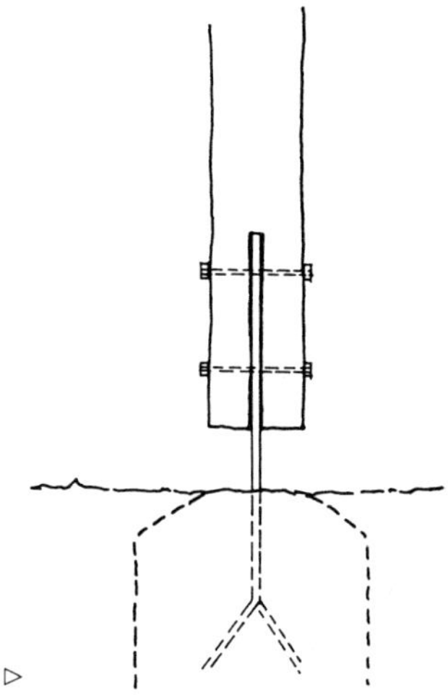

88 ▷

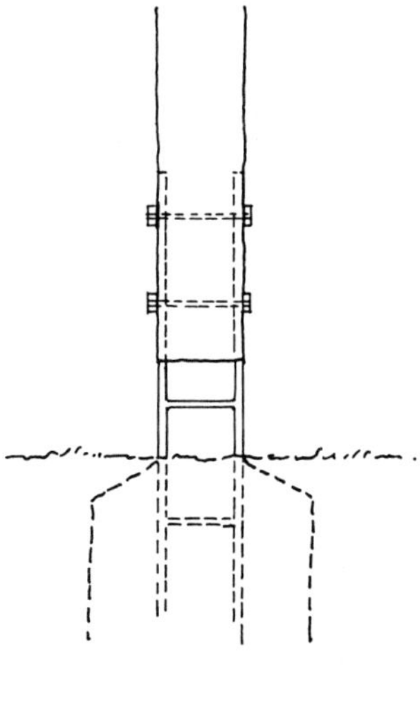

89 ▷

79–86 Verschiedene Konstruktionen von Pergolen.

79 Steinsäule (quadratisch) mit Rundholzauflage

80 Klinkersäule mit Kantholzauflage

81 verputzte Mauer mit eingesetztem Werkstein zur Auflage von Rundhölzern

82 Rundholzpergola. Befestigung mit Keilschnitt und Nagelung.

83 Kantholzpergola. Oberholz aufgekämmt, Stütze und Pfette verzapft.

84 Kantholzpergola mit Doppelstütze und eingespannter Pfette

85 Kantholzpergola mit doppelter Pfette

86 Rahmenpergola aus starken Brettern

87–89 Möglichkeiten zur Verankerung der Stützen im Boden.

87 Rundholzpergola, eingelassenes Stahlrohr. Elegante Lösung, aber bei seitlicher Belastung, z. B. durch Wind, nicht sehr stabil.

88 Kantholzpergola, eingelassener Bandstahl. Zur Verbesserung der Standfestigkeit muß die Richtung des Bandstahls von Fuß zu Fuß gewechselt werden.

89 Kantholzpergola, Bandstahl beidseitig mit verstärkenden Stegen eingesetzt. Stabilste Lösung.

Berankung

Voraussetzung für das Beranken einer Pergola ist eine pflanzenunschädliche Imprägnierung der Hölzer; andernfalls sterben die Pflanzen ab oder wachsen sehr kümmerlich (s. Holzschutz S. 54). Auch darf man nicht vergessen, am Fußpunkt der Stützen Pflanzlöcher zu schaffen.

Für das Beranken von Pergolen und Laubengängen eignen sich die folgenden Kletterpflanzen besonders gut:

Immer- und halbimmergrüne Kletterer
Akebie *(Akebia quinata)*
Efeu (Hedera-Arten)
Geißblatt *(Lonicera henryi)*
Immergrüne Brombeere *(Rubus henryi)*

Sommergrüne Kletterer
Pfeifenwinde *(Aristolochia macrophylla),* großblättrig
Baumwürger *(Celastrus orbiculatus),* schöne Herbstfärbung
Knöterich *(Polygonum aubertii),* besonders üppig – Vorsicht!
Hopfen *(Humulus lupulus),* schöne Fruchtstände
Wilder Wein *(Parthenocissus tricuspidata),* schöne Herbstfärbung
Rebe, echter Wein (Vitis-Arten)

Schön blühende Kletterer
Waldrebe (Clematis-Wildarten und Hybriden)
Kletterhortensie *(Hydrangea petiolaris),* weiße, breite Blütendolden
Geißblatt »Jelängerjelieber« (Lonicera-Arten), klassische Laubenpflanze, Duft!
Kletterrosen (»Sympathie« – rot, »New Dawn« – hellrosa, »Raubritter« – rosa, »Ilse Krohn Superior« – weiß, »Gruß an Zabern« – weiß, etc.)
Blauregen *(Wisteria sinensis)*

Einjährige Arten
Zierkürbis *(Cucurbita),* Feuerbohne *(Phaseolus coccineus),* Wicken, Trichterwinden, etc.

90 Ein schönes Detail: Hier wurde für den wilden Wein ein besonderer Werkstein angefertigt, der das Pflanzloch einfaßt.

91 Trichterwinde, dekorativ gepflanzt, auf der Bundesgartenschau in Berlin 1985. Ist kein direkter Bodenschluß vorhanden, z. B. auf einer Dachterrasse, können Kletterpflanzen auch in Kübeln wachsen.

92 Kantholzpergola, berankt mit echtem Wein. Detail Pergolenfuß mit Pflanzstandort. ▽

Holzschutz

Zum Bau von Rankgerüsten, Pergolen und Lauben im Garten wird meistens Holz genommen, wobei sich sofort die Frage nach der Haltbarkeit stellt. Als organischer, gewachsener Stoff unterliegt er wie alle organischen Stoffe dem Zerfall. Verschiedene Pilze und die Larven von Insekten beschleunigen diesen Vorgang.
Vorbeugender Holzschutz besteht nun nicht in erster Linie in der reichlichen Verwendung von Holzschutzmitteln, sondern zuerst einmal in der richtigen Auswahl und Verarbeitung der Hölzer. Die im Handel befindlichen Holzarten unterscheiden sich nicht nur im Preis, sondern auch in ihren Eigenschaften. Es gibt Bäume, die in ihrem Inneren im Alter einen Kern ausbilden, in dem der Transport von Wasser und Nährstoffen eingestellt wird und Stoffe wie Harze, Gerb- und Farbstoffe, Wachse usw. eingelagert werden. Verfärbt es sich dabei, nennt man es Kernholz, wenn nicht, Reifholz. Beide Formen sind durch die Einlagerungen sozusagen schon von Natur aus imprägniert und sehr dauerhaft. Zu den Kernholzarten gehören die Eiche, die Kiefer und die Lärche, Reifholz bilden z. B. die Buche, die Fichte und die Tanne aus. Die noch dem Stofftransport dienenden Holzteile werden als Splintholz bezeichnet und sind weitaus stärker von Zerfall bedroht. Bei der Verwendung von Splintholz ist der Aufwand für chemischen Holzschutz sehr hoch.
Lärchen- und Eichenkernholz sind für Außenarbeiten am besten geeignet, Fichte und Kiefer werden allerdings am häufigsten verwendet.
Neben der richtigen Holzart muß der Feuchtegrad beachtet werden; er ist je nach der beabsichtigten Verwendung auszuwählen und soll für Holz im Außenbereich zwischen 12 und 16% betragen.
Von entscheidender Wichtigkeit ist der *konstruktive Holzschutz;* das heißt, daß bei fachgerechter Ausformung, Verbindung und Befestigung der Holzteile der Gefahr von Holzschäden vorgebeugt wird. Dazu gehört der Schutz vor aufsteigender Feuchte, die Vermeidung von Stellen, an denen sich Wasser sammeln oder nur schlecht ablaufen kann oder an die nur ungenügend Luft herankommt.
Sind alle Gesichtspunkte eines vorbeugenden Holzschutzes beachtet, dann erübrigt sich in der Regel der Holzschutz mit »harten« und giftigen Mitteln. Es gibt in den letzten Jahren zunehmend mehr Firmen, die »natürliche«, für Mensch und Umwelt unschädliche Holzschutzmittel, Lasuren und Farben anbieten. So gibt es z. B. Imprägnierungen auf Borax- und Pechbasis, Leinöl- und Kräuterfirnisse und Harzöllacke.
Zur Vertiefung des Themas »Baulicher und chemischer Holzschutz« sei auf die angegebene Literatur und die meist sehr ausführlichen Angaben der Hersteller hingewiesen.

Pergolen mit Steinstützen und Holzauflagen

Pergolen oder Laubengänge mit Stützen aus Natursteinen, Stahlbeton oder gemauerten Pfeilern aus Klinkern wirken recht massiv und schwer. Für kleinere Gärten sind sie nicht zu empfehlen, sie benötigen Platz.

93 Mit Wein berankte Steinpergola vor einem Eingang zum Seitentrakt des Schlosses im Park von Klein-Glienicke in Berlin.

94 Pergola in den Demonstrationsgärten in Hannover-Herrenhausen. Die erzielte räumliche Wirkung der Pergola wird hier besonders deutlich. Entwurf: Gartenarchitekten H. Wiepking und W. Lendholt, Hannover. ▽

95 Pergola mit Granitstützen und üppiger Berankung in der Gartenanlage Hvittrask in Finnland. Sie führt vom Wohnhaus zu einem Laubengang, der in einer Laube endet. Entwurf: E. Saarinen, Finnland.

96 Laubengang aus Eichenbalken auf Steinsäulen in Hestercombe House/Somerset, Südengland, geplant als Abschluß des Gartens mit Ausblick in die Landschaft. Entwurf von Architekt E. Lutyens und Gartenarchitektin G. Jekyll, 1904. ▷

Pergolen mit Metallstützen und Holzauflagen

Bei Metall-Holzpergolen sind die Stützen und Pfetten aus Stahl (Vierkantprofil 50/50 mm oder 50/80 mm) zusammengeschweißt und die Oberhölzer zumeist aufgekämmt. Die Stahlprofile müssen verzinkt sein.

97 Kantholzpergola auf einer Metallunterkonstruktion, aufgelegt auf einer Gartenmauer. Ein weiteres Beispiel aus den Demonstrationsgärten in Hannover-Herrenhausen.

Holzpergolen

Holzpergolen bestehen meist aus gehobelter Fichte, Kiefer oder Lärche. Folgende Maße sind möglich:

Rundholzpergolen (Querschnitte):
Stützen und Pfetten 10–16 cm;
Oberhölzer 6–10 cm im Abstand von 40–80 cm.

Kantholzpergolen
Stützen quadratisch, Kantenlänge 10–12 cm;
Pfetten rechteckig 10/12 cm bis 12/18 cm;
Oberhölzer 8/10 cm bis 10/16 cm im Abstand von 60–100 cm, meist hochkant.

98 Holzpergola mit runden Stützen, Kantholzauflagen und schräg genagelten Ranklatten im Garten der Hautklinik in Hannover-Linden.

99 Detail zu Abb. 98.

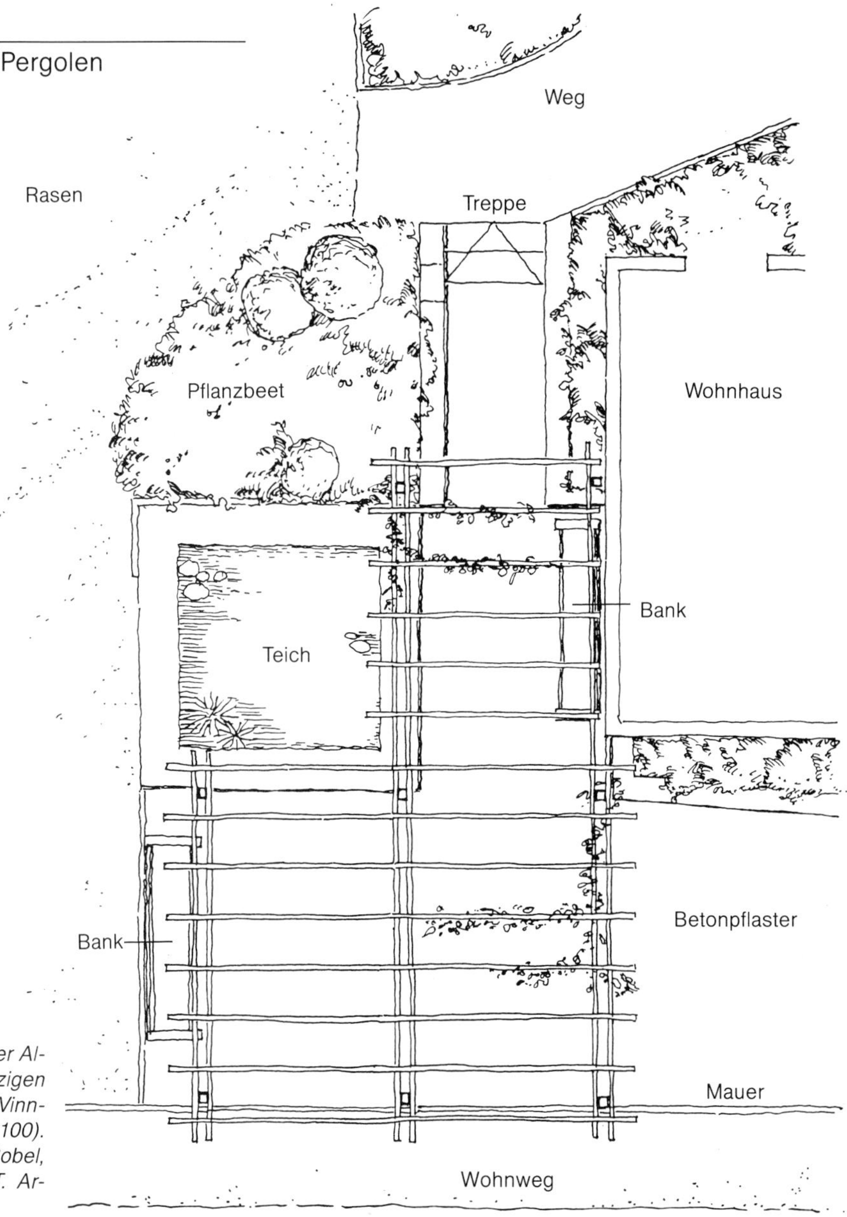

100/101 Kantholzpergola in einer Altenwohnanlage der Gemeinnützigen Baugesellschaft in Hannover-Vinnhorst sowie Lageskizze (Abb. 100). Entwurf: Gartenarchitekten K. Robel, R. Gruber-Baumgart, Architekt T. Argyrakis, Hannover.

102/103 Rankgerüst mit Terrasse sowie gedeckter Sitzplatz an einem Einfamilienhaus in Kaarst. Ansicht und Schnitt gedeckter Sitzplatz/Terrasse/Wohnhaus (Abb. 103). Entwurf: Gartenarchitekt H. Schümmelfeder, Düsseldorf.

104 Interessante Kombination von Zaun, Pergola und Rankgitter auf der Internationalen Gartenbauausstellung, München 1983. Die Pergola besteht aus sog. »typisierten DSB-Normalträgern«, die üblicherweise beim Schalungsbau verwendet werden. Entwurf: Gartenarchitekten E. Schmidt und G. Stahr, München. ▷

104 △ 105 ▽ 106 ▽

107 a Sinnvolle Umnutzung eines Garagendaches zu einem geschützten Sitzplatz. Wie die perspektivische Darstellung zeigt, liefert diese Lösung darüber hinaus einen Beitrag zur Verschönerung des Straßenbildes. Entwurf: G. Bocianowski, RWTH Aachen.

107 b Schnittdarstellung zu Abb. 107 a. Beachtenswert ist der vorgeschlagene Wendeltreppenabgang in den Garten.

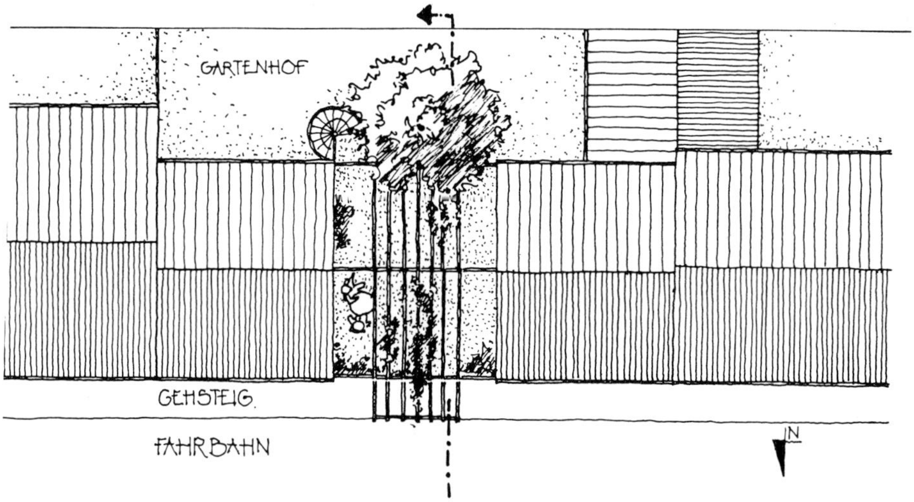

107 c Grundriß zu Abb. 107 a.

◁ 105 Die Stützen der Pergola bilden gleichzeitig das Grundgerüst für ein Wandregal – eine sehr pfiffige Idee, realisiert in einem Gartenhof in Hannover-Ricklingen. Entwurf: Architekt D. Keyl, Hannover.

◁ 106 Eine zwischen Wohnhaus und Nachbargarage eingespannte Pergola in Hannover-Herrenhausen hat für den dahinter liegenden Garten oder Hof »Torcharakter«. Entwurf: Gartenarchitektin J. Spalink-Sievers, Hannover.

108 Pergola und Außenkamin auf einer Dachterrasse in Köln. Entwurf: Gartenarchitekt Horst Schümmelfeder, Düsseldorf.

109 Entwurf eines Hausgartens mit Pergolen im Eingangsbereich und im Gartenhof in Laatzen-Grasdorf. Die Pfetten der Rahmenpergola (Material: Leimbinderholz) sind zwischen die Doppelstützen eingespannt, die Oberhölzer sind aufgekämmt. Entwurf: Gartenarchitektin J. Spalink-Sievers, Hannover. ▷

110/111 Ansichten zum Entwurf des Hausgartens von Abb. 109. ▷

110 Blick vom Wohnhaus in den Atriumgarten. ▷

111 Blick vom Garten auf das Wohnhaus. ▷

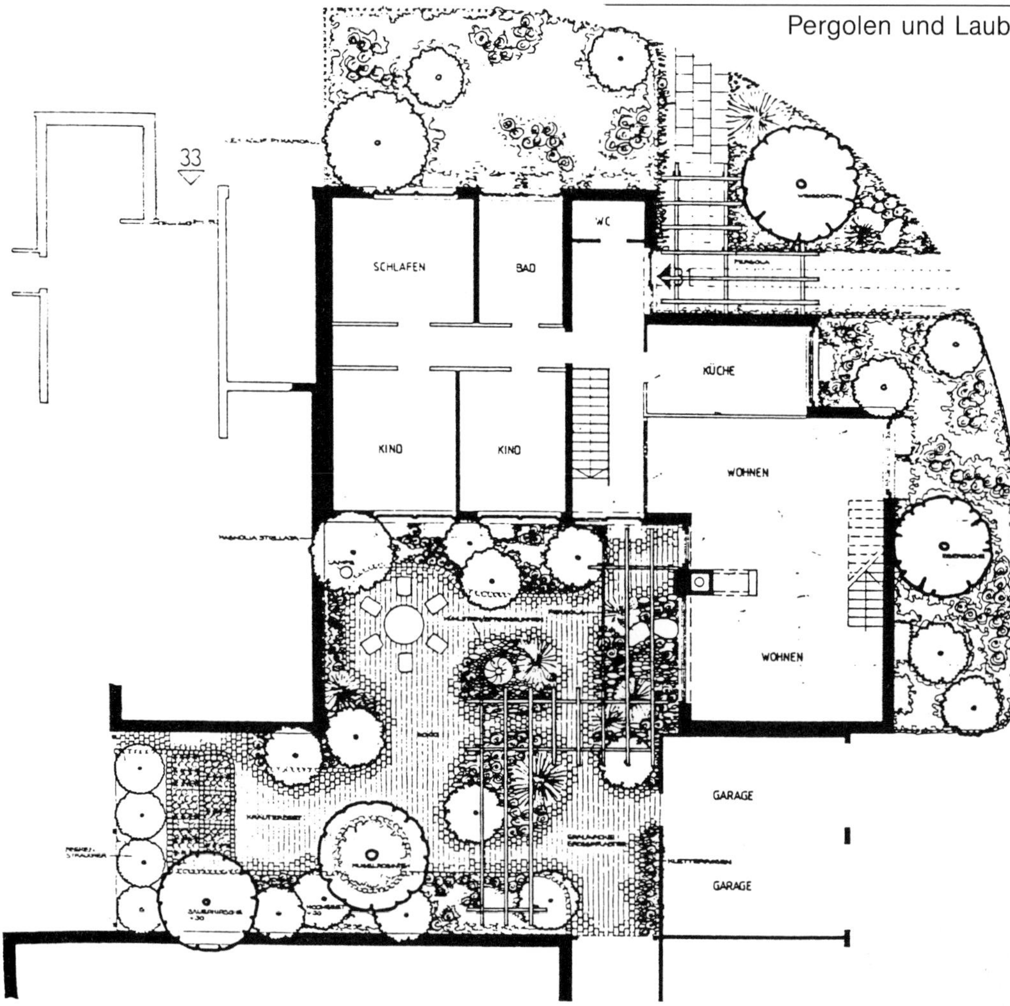
33
SCHLAFEN
BAD
WC
KÜCHE
KIND
KIND
WOHNEN
WOHNEN
GARAGE
GARAGE

109 △

110 ▽

111 ▽

Laubengänge

112 Gang aus Rosenbögen, bepflanzt mit verschiedenen Kletterrosensorten, im Rosarium von L'Hay-les-Roses bei Paris.

113 Obstspalier aus Eisenbögen als Laubengang in Cranbourne Manor/Dorset, Südengland.

114 Mit Pfeifenwinde (Aristolochia) *berankter, tunnelförmiger Laubengang im Landschaftsgarten Klein-Glienicke in Berlin. Er führt als kleiner Seitenaufgang zum Niveau der Schloßterrasse und endet unter einer mächtigen Baumkrone.*

115 Laubengang unter einer Süntelbuche im Berggarten in Hannover.

116–118 Wiederhergestellter Laubengang in einem Villengarten in der Douglasstraße in Berlin. Die Stützen sind gemauert und verputzt, Pfetten und Auflagen bestehen aus weiß lackiertem Holz. Entwurf von A. Wollenberg, 1912.

◁ *119 Laubengang aus geschälten Holzpfostenrahmen in Cranbourne Manor/Dorset, Südengland, berankt mit Blauregen* (Wisteria). *Der Gang ist der Wegeführung folgend angelegt.*

120 Gartenhof mit Laubengängen und offenen Holzlauben an den Eckpunkten auf der Bundesgartenschau in Berlin 1985. Entwurf: Gartenarchitekten Bödecker + Wagenfeld, Düsseldorf. ▷

ROSENLAUBEN UND ANDERE OFFENE LAUBEN

Rosenlauben und andere offene Lauben sind in ihrer Bauweise und Konstruktion ähnlich offen wie Rankgerüste und Pergolen, ähneln in ihrer Form jedoch schon eher den Lauben oder Pavillons.

Gerade diesem Typ könnte heute wieder mehr Beachtung geschenkt werden, bietet er doch die Möglichkeit, auch in kleineren Gärten, in Anlehnung an eine Mauer etwa oder wegbegleitend, einen gemütlichen, windgeschützten Sitzplatz zu schaffen. Die Rosenlaube kann entweder aus Holz sein oder aus Metall.

Als Ranker sollte man – der Tradition folgend – überwiegend Kletterrosen pflanzen; Efeu, Wein, schwächer wachsende Clematis-Arten oder einjährige Ranker wie Feuerbohnen, Wicken, Trichterwinden können aber auch gut aussehen. Stark wachsende Kletterer, wie z. B. Knöterich oder Blauregen, sollte man hierfür nicht verwenden, da sie die Wirkung der Gitter beeinträchtigen und die Konstruktion zerstören.

121 Halbkugelförmige Rosenlaube aus Eisengestänge in Sutton Place/Surrey, Südengland. Entwurf: Architekt G. Jellicoe.

122 Mit Kletterrosen berankter Pavillon im Rosarium von L'Hay-les-Roses bei Paris.

123 Rosenbogen in L'Hay-les-Roses, berankt mit der Rose »Céline«.

◁ *124 Mit Glyzinien berankte Laube auf der Bundesgartenschau in Berlin 1985. Entwurf: Gartenarchitekt G. Schulze, Hamburg.*

125 Efeuberankte, weiße Holzgitterlaube mit Sitzbank auf der Internationalen Gartenbauausstellung, München 1983.

126 Kleine, weiße Gitterlaube auf Gut Panker in Lütjenburg/Schleswig-Holstein. ▽

127 Entwurf eines Sitzplatzes unter Rosen von K. Kohler, 1908.

128 Rosenlaube aus Metall als Fertigprodukt. ▽

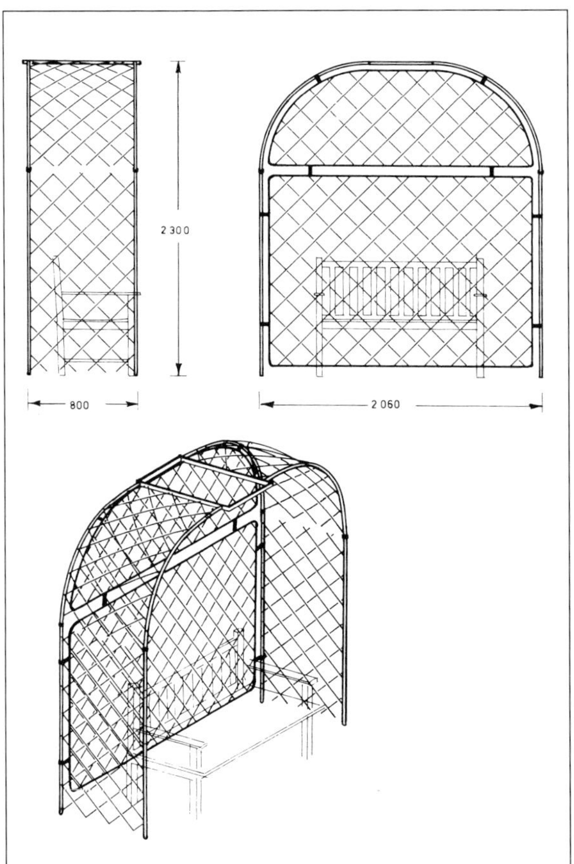

129 Konstruktion einer einfachen Rosenlaube über einer Bank: Ihre Breite beträgt 2,00 m, die Höhe 2,20 m und die Tiefe 0,60 m. Der Rahmen wird aus Bandstahl (40 × 5 mm) gebaut. Die beiden Hauptträger werden mit fünf Stegen verbunden. Die oberen drei Stege gehen in Metallaschen über, die der Befestigung an der Hauswand dienen. An den Fußpunkten wird das Gerüst mit imprägnierten Holzpfählen verschraubt (vgl. Detail). Von außen werden Holzleisten (65 × 3 × 1,50 cm) aufgeschraubt. Eine Vereinfachung der Konstruktion kann darin bestehen, die Holzleisten durch angeschweißte Bandeisenstege zu ersetzen. ▽

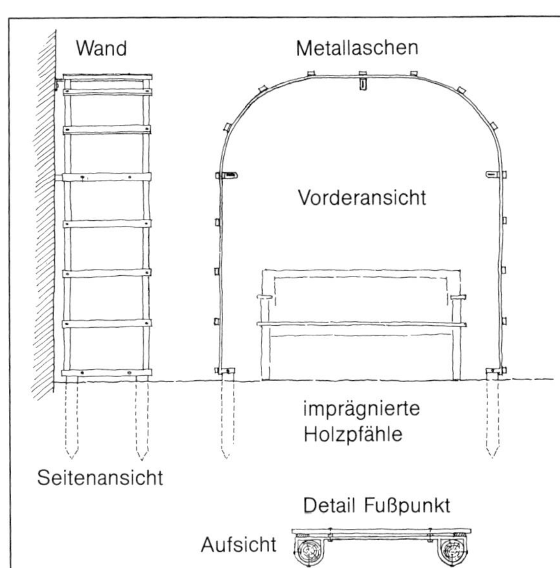

130 Kühne, unberankte Metallkonstruktion auf einer Dachterrasse in Levanto, Italien.

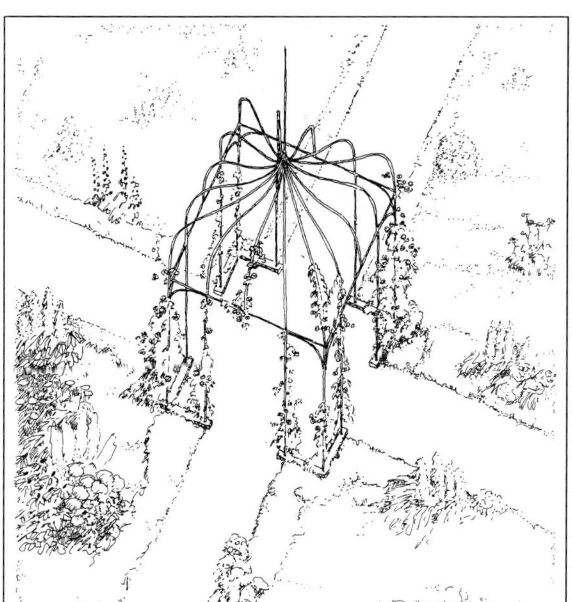

131 Metallaube als Kreuzungspunkt eines Weges in einem Rosen- und Staudengarten. Zur Verbesserung der statischen Eigenschaften gegenüber der Laube von Abb. 130 sind allerdings die Anzahl der Stäbe vermehrt und Kopfbänder eingesetzt worden; so ist auch eine Berankung möglich.

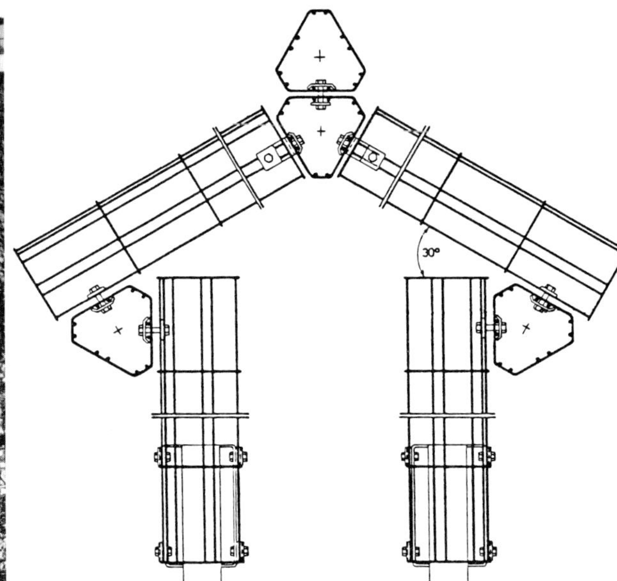

134 a Konstruktionsbeispiel einer Rankanlage wie in Abb. 132/133.

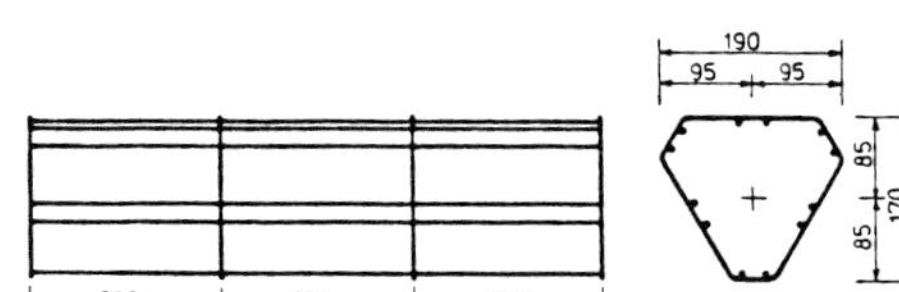

134 b Rankbalken, Detail zu Abb. 134 a.

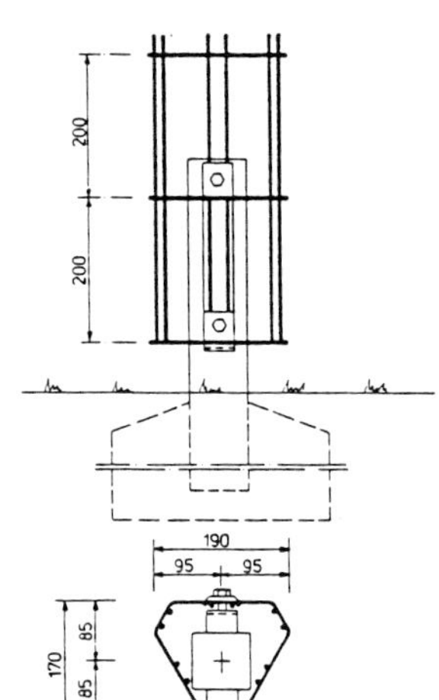

132 Unansehnliche Mülltonnen verschwinden unter einer mit Knöterich berankten Laube aus Metall. Diese wird aus vorgefertigten Einzelteilen zusammengebaut.

133 Detailansicht zu Abb. 132.

134 c Rankstütze und Profil, Detail zu Abb. 134 a.

135 Rosenlaube – Kombination von eisernem Rankgerüst und Hängebaumlaube – in Bremen-Hemelingen, datiert etwa um 1900. Um den Stamm einer Hängeesche wurde ein Metallring gelegt, an dem die leichte Konstruktion der Laube angehängt wurde. Der Baum wird dadurch allerdings allmählich eingeschnürt. – Früher war das Metallgerüst mit Kletterrosen »Crimson Rambler« bewachsen. Bei zunehmendem Wachstum des Baumes und entsprechend größerer Beschattung sollten dann besser schattenverträgliche Pflanzen wie die verschiedenen Geißblatt- und Efeuarten verwendet werden.

136 Konstruktion eines offenen Holzpavillons für einen Hausgarten, bestimmt für die Bepflanzung mit Kletterrosen. Entwurf: Gartenarchitekt E. Ostermeyer, Hannover. ▷

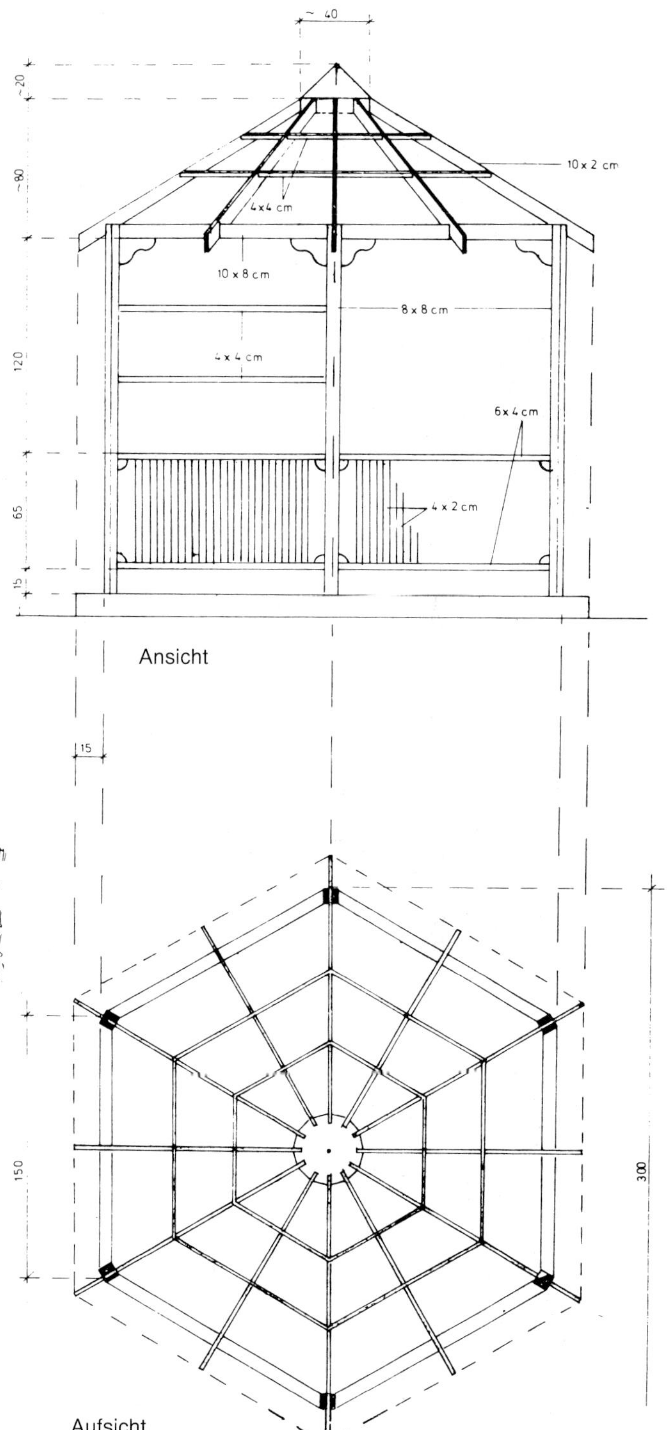

137 Offene Holzlaube (Material: imprägnierte Kanthölzer) als Überdachung eines Mülltonnenplatzes auf dem Gelände des Fachbereichs Gartenbau in Hannover.

138 Detail des Daches von Abb. 137. Die Konstruktion ist sehr einfach, die Holzverbindungen sind alle genagelt, z. T. mit Hilfe von Lochblechen.

139–141 Originelle offene Laubenkonstruktion aus Dachlatten (Selbstbau). Die Laube wurde fast vollständig aus »Abfallmaterialien« hergestellt: Die Stützenfüße wurden aus einem Metallbettrost vom Sperrmüll gefertigt, alte Dachlatten eines Reihenhauses, die abgeschliffen und neu gestrichen wurden, formen das Laubengerüst. Verbaut wurden außerdem 100 Senkkopfschrauben (5 cm lang), 100 Senkkopfschrauben (4 cm lang), 400 Schnellbauschrauben (3,50 cm lang), 1 Sack Zement, 12 l Corsolan weiß. Bank, Träger und Stützen setzen sich aus ganzen, die Rankgerüste, die gleichzeitig als Aussteifungen dienen, aus halbierten Dachlatten zusammen. Diese Auflösung der Querschnitte macht die Laube nicht nur sehr leicht, sie ist auch pflanzengemäßer als die üblichen Trägerstützen. Entwurf: Franz Popp, Stuttgart ▷

140 △

141 Detail der Konstruktion Stütze/Dach.

142–144 Laube in der Gartenanlage Hvittrask in Südfinnland, fast vollständig berankt mit wildem Wein. Entwurf: E. Saarinen, Finnland.

145–147 Offener Holzpavillon auf dem Gelände der Internationalen Bauausstellung in Berlin 1985. Neuanfertigung aus Leimbinderholz. Entwurf: Architekten Müller/Knippschild/Wehberg, Berlin.

147 Detail Pfeiler/Dach. ▷

148/149 Zwei von vier kleinen Pavillons im »Holländischen Rosengarten« im Großen Garten von Hannover-Herrenhausen.

150 Offene Rundpergola auf einer Tiefgarage als Treffpunkt in der Wohnanlage Elektrastraße in München. Entwurf: Gartenarchitekten E. Schmidt und G. Stahr, München.

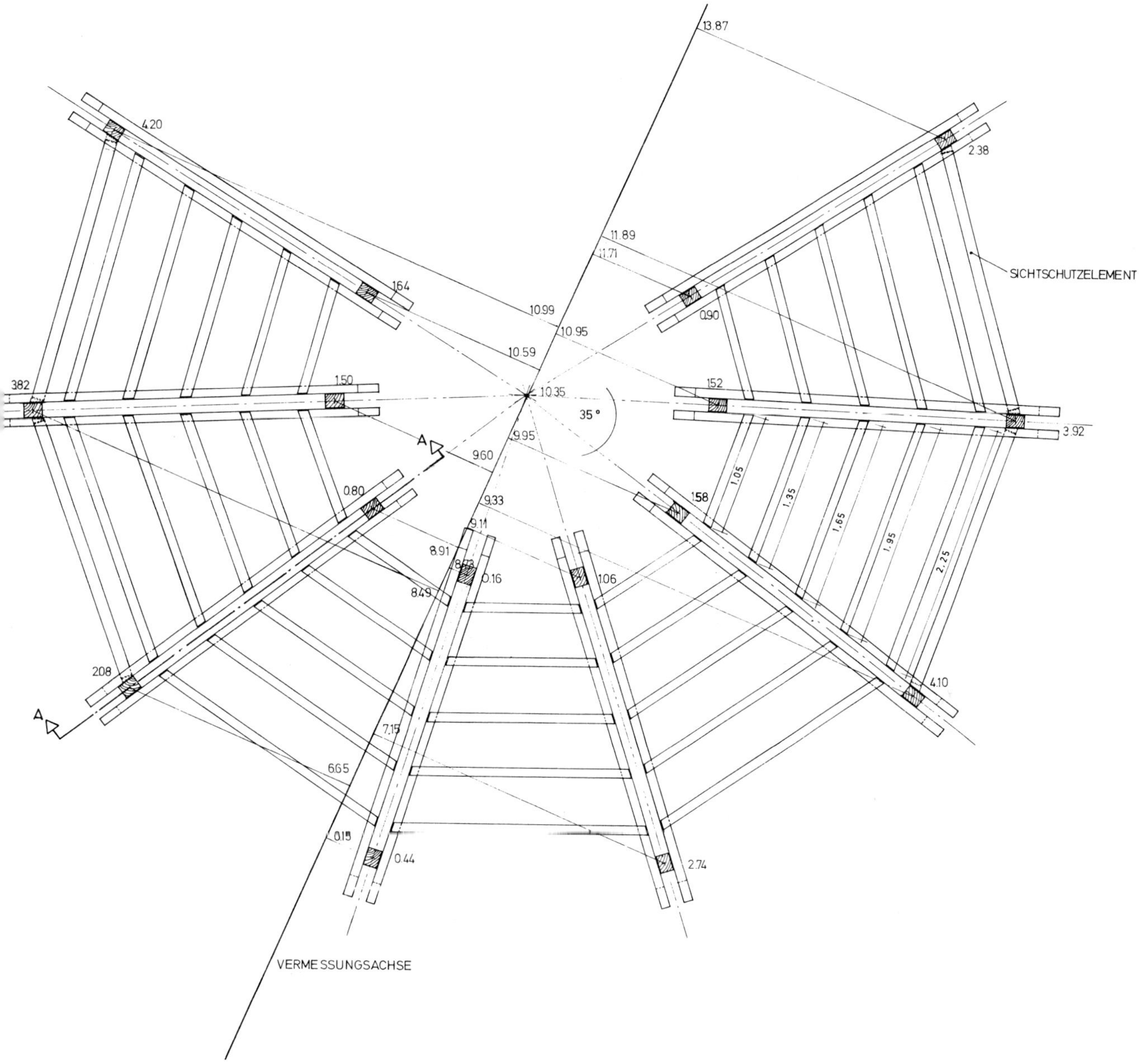

151 a Grundriß der Pergola von Abb. 150.

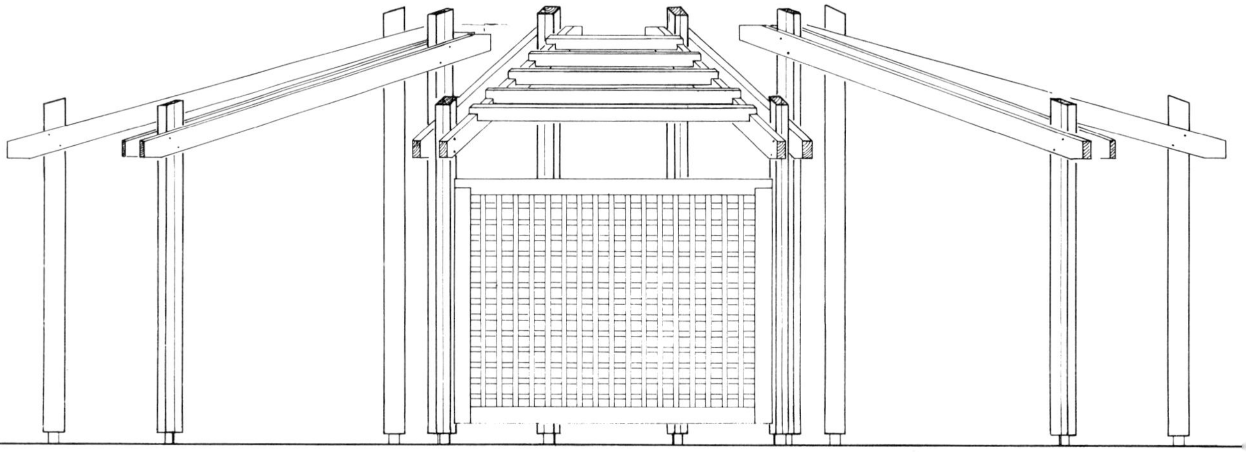

151 b Ansicht zu Abb. 150. Bei dieser Konstruktion sind die Stützen in eine Doppelpfette eingespannt und die Oberhölzer aufgekämmt.

151 c Schnitt A–A' zum Grundriß der Abb. 151 a. ▽ ▽

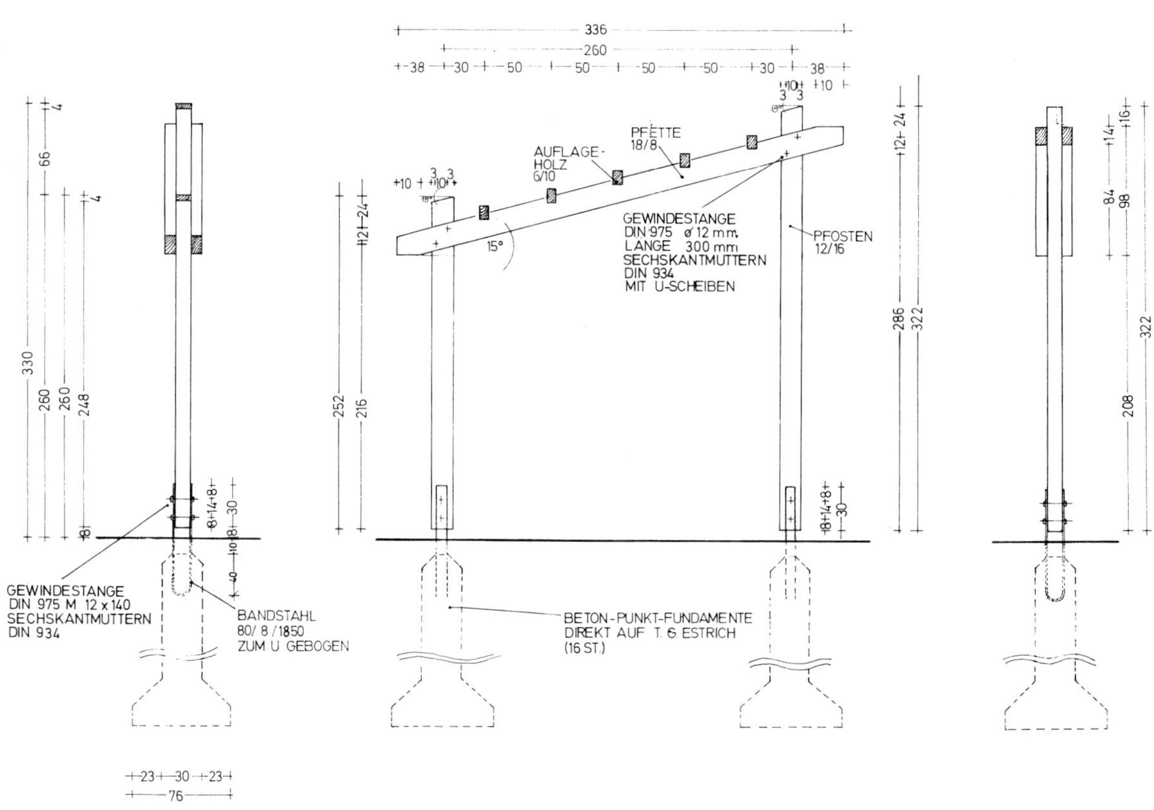

Pavillons und Gartenhäuser

Diese Gartenbauwerke bieten uns die größte Schutzfunktion: sie haben ein festes, geschlossenes Dach und ermöglichen dadurch einen Aufenthalt selbst bei stärkeren Regenfällen.
Je nachdem, ob sie eine eher leichte, zierende Konstruktion und eine zentrale Grundfigur oder ob sie ein Satteldach und einen rechteckigen Grundriß, verbunden mit einem eher zweckorientierten Erscheinungsbild, aufweisen, haben wir sie den Pavillons oder den Gartenhäusern zugeordnet. Eine klare Unterscheidung ist aber nicht in jedem Fall möglich.
Pavillons ähneln den im vorhergehenden Kapitel gezeigten offenen Lauben, der Ziercharakter des Bauwerks ist ein wesentlicher Aspekt für ihre Errichtung. Grundform, Konstruktionselemente, Materialauswahl und -zusammenspiel sind nachhaltig davon beeinflußt. Der Pavillon lädt zum Verweilen, Ruhen und Feiern ein, kann Blickfang sein und gleichzeitig der Betrachtung und dem Genuß des Gartens dienen. Der Pavillon ist ein verspieltes Bauwerk, das sich je nach Lage und Bauweise mehr an der umgebenden Natur oder an der Architektur des Hauses orientiert. Er bietet in der Regel Platz für Tisch und Stühle und Schutz vor Sonne und Regen. Für praktische Nutzungen, wie z. B. das Unterbringen von Gartengerät ist er zu schade.
Die Grundform des Pavillons ist geschlossen und – was besonders beim Dach deutlich wird – auf ein Zentrum ausgerichtet. Am häufigsten werden vieleckige Grundformen wie Fünfeck, Sechseck oder Achteck verwendet, aber auch quadratische und runde Grundformen kommen vor. Die konstruktiven Grundelemente des Pavillons sind das Dach, die Stützkonstruktion – Pfeiler, Wände –, der Boden und das Fundament. Rankgitter, Brüstungen, Verkleidungen, Fenster und Türen sind möglich, aber nicht notwendig und können sowohl unter Nutzungsaspekten als auch aus gestalterisch-formalen Gründen einbezogen werden.
Die Gartenhäuser sind über die Nutzungsmöglichkeiten und Zweckbestimmungen von Pavillons hinaus stärker praktischen Aufgaben gewidmet. Sie sind richtige, kleine Häuser mit Fenstern, Tür und geschlossenen Wänden, bieten Platz für Gartengerät, können als Spielhäuser für Kinder dienen oder sogar als Schlafraum für Gäste.
Fällt es noch relativ leicht, sich im Garten für den Standort eines Baumes, einer Pergola oder einer offenen Laube zu entscheiden, so wird es schon schwieriger, wenn man ein »richtiges« Gartengebäude unterbringen möchte – zumal die Grundstücke heutzutage viel kleiner als früher sind. Neben der Entscheidung für ein bestimmtes Erscheinungsbild ist also der zu wählende Standort, die Lage von großer Bedeutung für eine befriedigende Gestaltung und Funktion.
Über die beste Lage eines Gartenhauses auf einem Grundstück läßt sich schwer etwas allgemeines sagen, da sowohl die Grundstücke als auch die Bewohner stets unterschiedlich sind. Jedes Grundstück birgt seine besonderen Möglichkeiten, aber auch Einschränkungen; jeder Mensch hat seine Vorlieben und Abneigungen. Es kommt darauf an, diese Wünsche mit den Gegebenheiten des Grundstücks in Einklang zu bringen.
Eine erste Überlegung dürfte wohl sein, in welcher Entfernung vom Wohnhaus das Gartengebäude liegen soll. Es sind die entstehenden Wege zu bedenken, die dann immer zurückgelegt werden müssen, aber auch, welche anderen Gartenteile in Verbindung mit dem Gartenhaus stehen sollen, z. B. der Gemüsegarten, ein Teich oder der Spielbereich für die Kinder. Ein vom

152 Die Verwendung von Gartenbauwerken in der Gartenkunst des beginnenden 20. Jh.s: Überdachte Lauben auf der Umfassungsmauer an den Eckpunkten des Grundstücks fungieren als »Belvederes«, Aussichtspunkte in die umgebende Landschaft. Sie sind durch Pergolen und Laubengänge miteinander und mit dem Wohnhaus verbunden. Entwurf von E. Zimmerle 1908 für einen Garten am Oberrhein.

Hause entfernt liegendes Gartengebäude gibt eher die Möglichkeit zum Rückzug vom Trubel lebhafter Familien, eröffnet auch reizvolle »Rückblicke« auf das Haus und den eigenen Garten.

Wird ein solches Gartenhaus noch durch einen dichten Laubengang mit dem Wohnhaus verbunden, so ist der Aufenthalt dort auch bei schlechtem Wetter »naheliegend«. Solche Anlagen, wie auch die Abbildung 152 zeigt, sind allerdings bei den meist kleinen Abmessungen heutiger Baugrundstücke nicht mehr möglich. Gartenbauwerke und Wohnhaus müssen enger zusammenrükken; dies kommt zwar einer häufigeren und geselligeren Nutzung entgegen, bedeutet aber auch die Notwendigkeit einer sorgfältigen Abstimmung zwischen den Gebäuden.

Das gilt ebenfalls für die Beziehungen zu Gebäuden auf Nachbargrundstücken – je näher sie sind, desto stärker müssen sie in die eigenen Überlegungen miteinbezogen werden. Auch die benachbarten Gärten in ihrer Gesamtheit sind nicht ohne Belang für die Gestaltung des eigenen Grundstücks.

Raumbildungen durch die Stellung der Gebäude und der bestimmenden Baum- und Buschgruppen wirken auf den eigenen Garten ein und können hier aufgenommen und fortentwickelt werden. Zum Beispiel kann die Zuordnung eines kleinen Pavillons zu einer Gruppe alter Bäume sehr reizvoll sein – es müssen nicht die eigenen sein. Auch das »grenzüberschreitende« Blätterdach eines schönen Einzelbaums kann als Rahmen dienen.

Liegt das Gartenhaus am äußersten Ende eines Grundstücks, so kann, neben der Abgeschiedenheit, noch die Aussicht in die umgebende Landschaft ein großer Anreiz für den Aufenthalt sein; ein Aspekt, der bei der Siedlungsdichte unserer Städte und Dörfer immer mehr an Bedeutung verliert.

Früher war der Kontakt zur Umgebung ein Hauptmotiv beim Bau und der Ausgestaltung von Gartenhäusern. Oft lagen sie der Dorf- oder Landstraße zugewendet, boten wie die »Bank vor dem Haus« vielfältige Möglichkeiten der stillen oder tätigen Teilnahme am öffentlichen Leben. In vielen Regionen erfüllten überdachte, mit Bänken ausgestattete Eingangslauben und Veranden diesen Zweck. Der Gebrauch dieser Plätze ist weitgehend aus dem Leben der Menschen verschwunden, zum einen sicher durch veränderte Freizeit- und Kontaktgewohnheiten, zum anderen aber durch den allgegenwärtigen Autoverkehr. An einer autogerecht ausgebauten Ortsdurchfahrt mit dem dazugehörigen Lärm und Gestank ist es schon lange kein Vergnügen mehr, in der Laube zu sitzen; Gespräche mit Vorübergehenden sind nicht mehr möglich. Die meisten ungenutzten und vernachlässigten Gartenhäuser haben wir an diesen Stellen angetroffen.

Wie schon angedeutet, können Gartenbaulichkeiten der Raumbildung und Gliederung des Gartens dienen. So mag ein Gartenhaus z. B. ein langes Grundstück in einen vorderen und einen hinteren Bereich aufgliedern, besonders im Zusammenwirken mit Hecken- und Baumpflanzungen.

153 Gartenhaus am alten Standort im Garten des Lenneper Tuchfabrikanten Josua Hasenclever; es befindet sich heute im Rheinischen Freilichtmuseum in Kommern. Der Brunnen im Bildvordergrund war ein Geschenk des Königs Friedrich-Wilhelm IV. an den Hausherrn.

154 Das Lenneper Gartenhaus als Hintergrund für ein Familienfoto mit Pferd und Kanarienvogel.

Die Oberflächengestalt des Gartens kann Anlaß geben, die Stellung eines Gartenhauses zu bestimmen. Auf der Kuppe eines Hügels verstärkt es dessen Wichtigkeit und unterstreicht die Geländebewegung; auf der Kante einer Terrassierungsmauer betont es das »Gebautsein« der Gartenanlage; und nicht zuletzt ergibt sich aus solchen und ähnlichen Anordnungen ein schöner Ausblick auf den Garten und die Umgebung. Umgekehrt ist ein derart plaziertes Gartenhaus ein Blickfang und dient der Zierde des Gartens. Diesen Zweck kann es auch in einem ebenen Gelände erfüllen, wenn es bewußt als Endpunkt eines Weges, als Abschluß eines Laubenganges oder als Hintergrund für eine große Wiese errichtet wird.

Die Frage, ob ein Gartenhaus im Schatten liegen oder sich der Sonne öffnen soll, muß jeder nach eigenem Geschmack entscheiden. Die Zuordnung eines Baumes ist aber aus gestalterischen Gründen – um dem Gebäude Maßstäblichkeit zu geben – zu bedenken. Ein lichtes Blätterdach schirmt die heiße Mittagssonne ab und hindert die tief einfallenden Abendsonnenstrahlen nicht, ebensowenig behindert der noch kahle Baum die wärmende Frühlingssonne.

Vor Wind und Zug sollte ein Gartenhaus – besonders ein offenes – auf jeden Fall geschützt werden. Schon bei der Auswahl des Platzes muß darauf geachtet werden, woher der Wind hauptsächlich weht, ob er sich um Mauern oder Hausecken verwirbelt und ob sein Einfluß durch das Anpflanzen von Sträuchern oder Hecken gemildert werden kann.

HOLZPAVILLONS

Holz wird in der Regel in Skelettbauweise verwendet. Dabei bedingen die Eigenschaften des Baumaterials meist eine »natürliche« Gliederung der Form, die auf der Funktion beruht, die den einzelnen Hölzern in der Konstruktion zukommt. Stärker belastete Hölzer, wie etwa Stützen und Auflagehölzer (Sattelbalken), müssen dicker sein, als es die Streben eines Rankgerüstes zu sein brauchen. Diese konstruktiv bedingten Unterschiede in den Stärken der Hölzer fallen – anders als bei Stahlkonstruktionen – deutlich ins Auge. Diese »natürliche« Gliederung des Baukörpers wurde über Jahrhunderte hinweg auch als Grundlage der Gestaltung verwendet. Sie ermöglicht einen Baustil, bei dem Funktion und Form eine harmonische Einheit bilden. Diesem Prinzip der Einheit kommt gerade beim leichten, offenen Holzpavillon eine besondere Bedeutung zu.

In der Folge zeigen wir eine Reihe von alten und neuen Holzpavillons, wieder geordnet von leicht und offen hin zu fest und geschlossen.

155 Holzpavillon auf einer Waldlichtung im Bremer Bürgerpark.

156 Skizze eines Holzpavillons aus einer Arbeit zum städtebaulichen Wettbewerb Bomlitz/Niedersachsen, 1983. Entwurf: Architekt J. Lübbert und Gartenarchitekt R. Weddige, Hannover. ▽

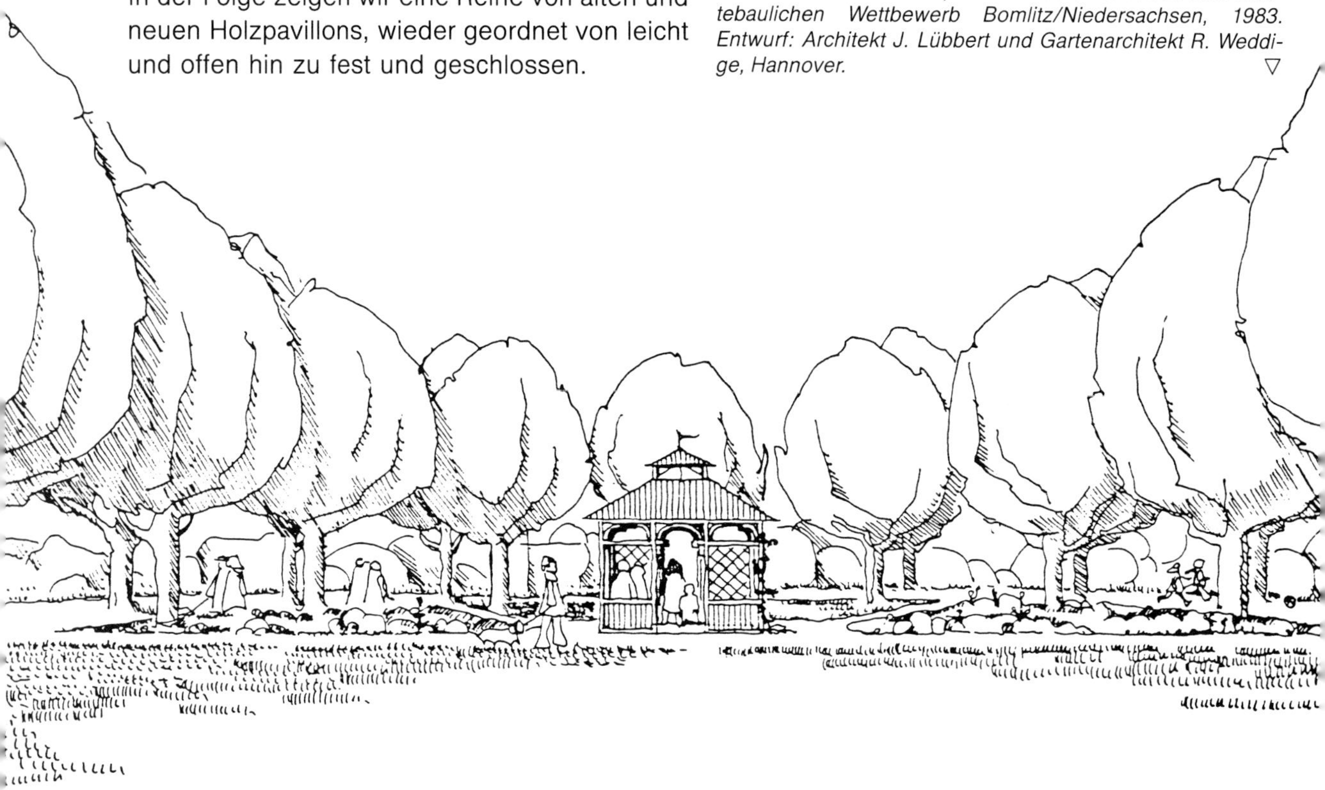

157 Leichter, sechseckiger Pavillon in Hannover-Linden. Ein schönes Beispiel dafür, wie Stützen, Brüstung und Dach die Einheit von Form, Funktion und Gestaltung repräsentieren. ▽

158 Bausatz für einen achteckigen Pavillon und (unten) ein Wandelement (Ansicht/Schnitt) als Detail zur Konstruktion. Die drei Hauptelemente des Pavillons – Dach, Fußboden und Wandpartien – werden von acht durchgehenden, verdeckten Winkeleisensäulen zusammengehalten. Diese sichern die Verankerung des Daches im Fußbodenfundament. ▽

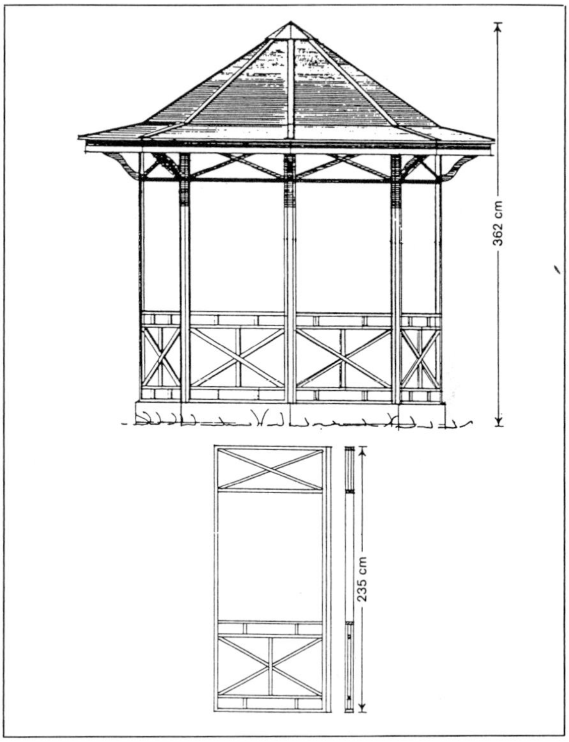

159 Ein Pavillonbau macht sich freistehend genauso gut wie hier an der äußersten Grundstücksecke eines Gartens im Hindenburgviertel in Hannover. Er öffnet sich frei zum Garten hin. ▽

160/161 Weißer, achteckiger Pavillon in Kleineichen bei Hückeswagen/Bergisches Land. Dieser Pavillon wurde umgesetzt und restauriert. Die Wetterfahne und die Verzierung des Auflagebalkens bilden seinen schlichten Schmuck.

162–164 Luftiger Pavillon mit geschwungenem Zeltdach an einer niedrigen Umfassungsmauer im Garten des Weingutes Kaltenherberge bei Müllheim/Baden.

162 Der Wetterhahn ist die besondere Zierde des Pavillons.

162 △ 163 ▽

163 Blick von der Straßenseite.

164 Ansicht des Pavillons vom Garten aus: Walnußbaum und Laube sind schon fast zusammengewachsen.

165 Pavillon in Berlin-Dahlem, überzeugend durch seine solide Ausführung. Schön ist auch das schlichte Gitter an den Seiten, das als Rankhilfe (hier für die Pfeifenwinde) und damit als Windschutz dient.

167 Die mitgelieferte, leicht verständliche Bauanleitung (hier einige Beispiele) ermöglicht es auch Laien, den Pavillon fertig aufzustellen. ▷

◁ *166 Sechseckiger Pavillon mit Rundbögen und Spalieren, der als Bausatz erhältlich ist.*

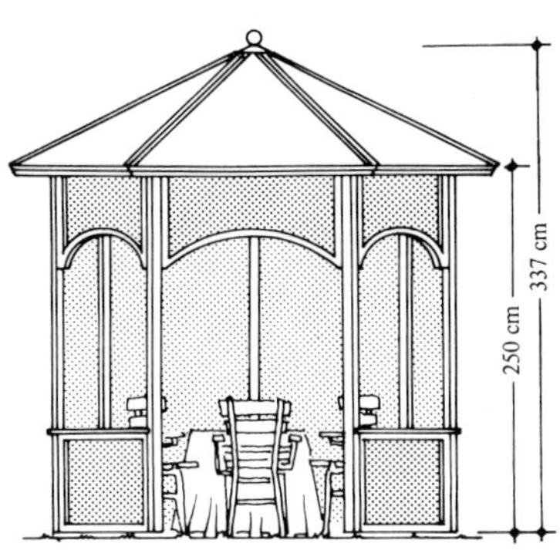

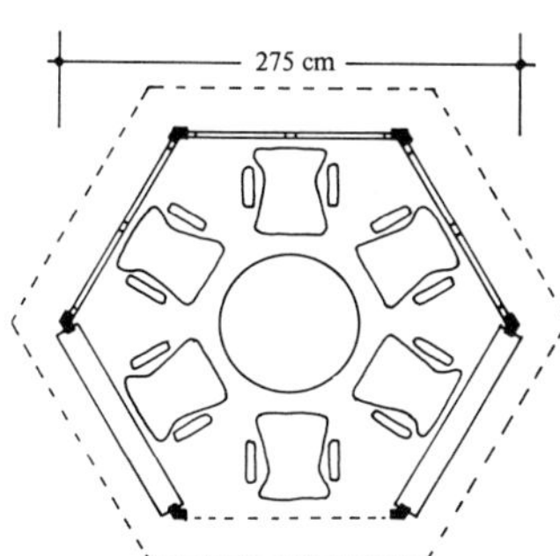

Bitte beachten Sie: Falls Sie Ihren Pavillon anstreichen möchten, sollten Sie dies **vor dem Aufbau** tun. Es ist dann wesentlich einfacher für Sie.

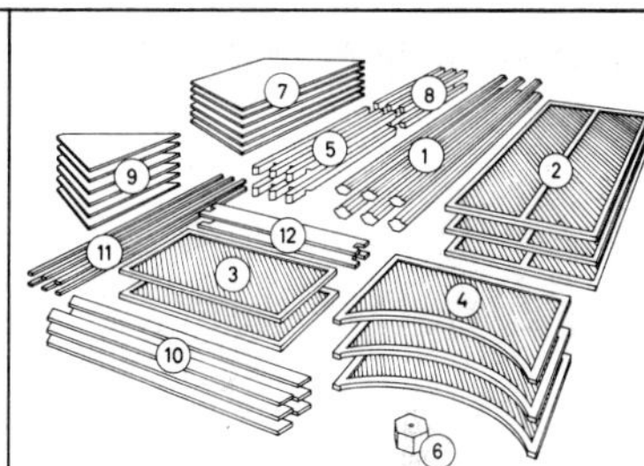

① Pfosten
② Doppel-Spaliergitter
③ kleines Spaliergitter
④ Rundbogen-Spaliergitter
⑤ Dachsparren
⑥ Firstklotz (sechseckig)
⑦ Große Dachplatte
⑧ Quersparren
⑨ kleine Dachplatte
⑩ Dachrandbretter
⑪ Dach-Deckleisten
⑫ Fensterbänke
⑬ Sparrenbolzen
⑭ Konterbolzen
⑮ untere Firstplatte, innen
⑯ obere Firstplatte, außen
⑰ Firstbolzen
⑱ Flachverbinder, groß
⑲ Flachverbinder, klein
⑳ Pfostenschuhe

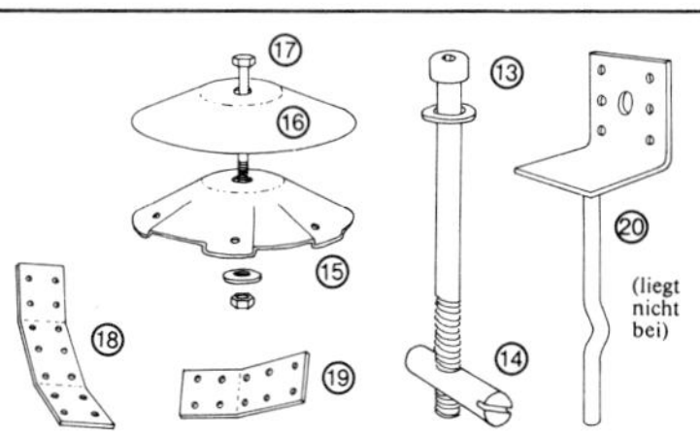

Diese Werkzeuge benötigen Sie:

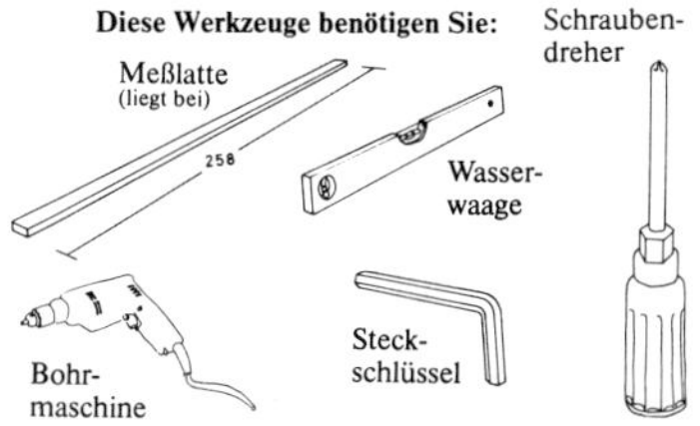

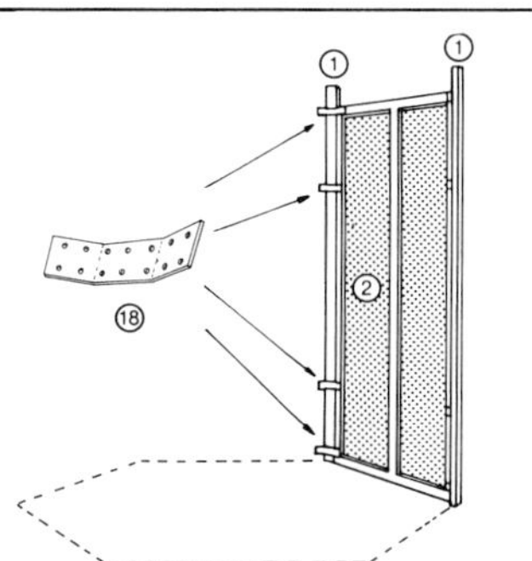

Lange Flachverbinder ⑱ quer an 4 Pfosten ① innen anschrauben und zwar: den 1. 10 cm, den 2. 60 cm, den 3. 183 cm und den 4. 245 cm von unten (jeweils Unterkante). Das Loch für den Konterbolzen ⑭ muß oben sein (siehe unter 10). 2 Pfosten ① und ein großes Doppel-Spaliergitter ② miteinander verschrauben (Unterkante bündig).

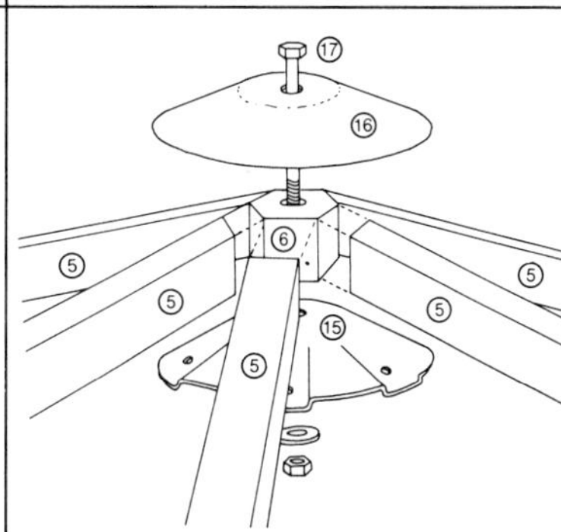

Firstklotz ⑥ im First einsetzen und mit den Firstplatten ⑮ + ⑯ vorläufig verbinden. Justierung der Sparren eventuell durch leichtes Verschieben des Sechsecks. Hierzu auch Meßlatte im Pavillon innen zur Kontrolle der Diagonalen in die Winkel einlegen. Untere Firstplatte ⑮ von innen an die Sparren anschrauben.

168 Sechseckiger Pavillon in Syke/Niedersachsen. Entwurf und Ausführung erfolgten durch eine Tischlerei.

169 Achteckiger Holzpavillon von etwa 1870 in einem ehemaligen Weingut in Oestrich-Winkel/Rheingau. Der Garten liegt inmitten von Weinbergen und wird, einschließlich der Gartengebäude, vom jetzigen Besitzer wieder nach und nach instandgesetzt. ▷

170 Detail des Pavillons von Abb. 169.

171 Skizzenhafter Gartengrundriß zu Abb. 169. Die beiden gleichen Pavillons liegen an den unteren Endpunkten eines T-förmigen Weinlaubenganges. Von hier aus hat man einen schönen Blick auf die Weinberge und den Rhein. ▷

169 △

170 ▽

171 ▽

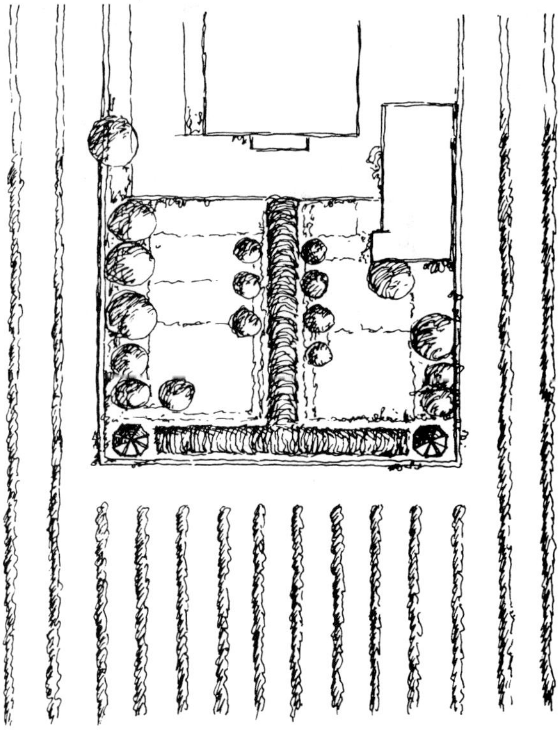

172–174 Sechseckiger Pavillon von etwa 1900 (restauriert 1982) in den Weinbergen des landgräflich-hessischen Weinguts in Johannisberg/Rheingau. Sehr dekorativ ist die Verwendung eines engmaschigen Spaliers, das den Seitenwänden einen geschlossenen Charakter gibt und »Fenster« frei läßt.

172 Die »Wände« haben trotz ihrer Geschlossenheit viel Transparenz.

173 Ausblick in die Weinberge der Umgebung. ▷

174 Deckendetail des Pavillons von Abb. 172. ▷

173 △

174 ▽

△ *175 Achteckiger Pavillon im Nerotal in Wiesbaden.*

176 a Entwurf eines sechseckigen Pavillons mit quadratischem Zeltdach von Krauth, 1895; ein Beispiel solider Handwerkskunst. ▷

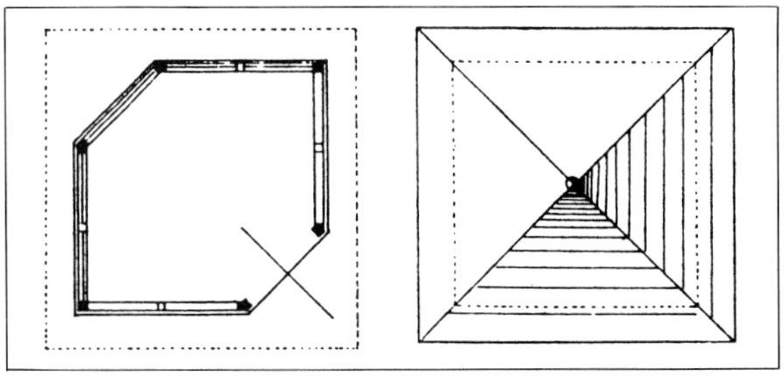

176 b Grundriß und Dachaufsicht zu Abb. 176 a. Der Grundriß kann in Abänderung auch quadratisch sein. ▷

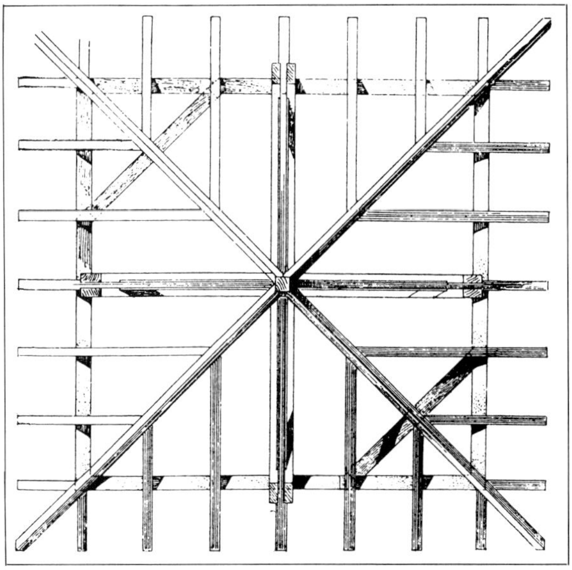

176 c Aufsicht der Dachkonstruktion. ▷

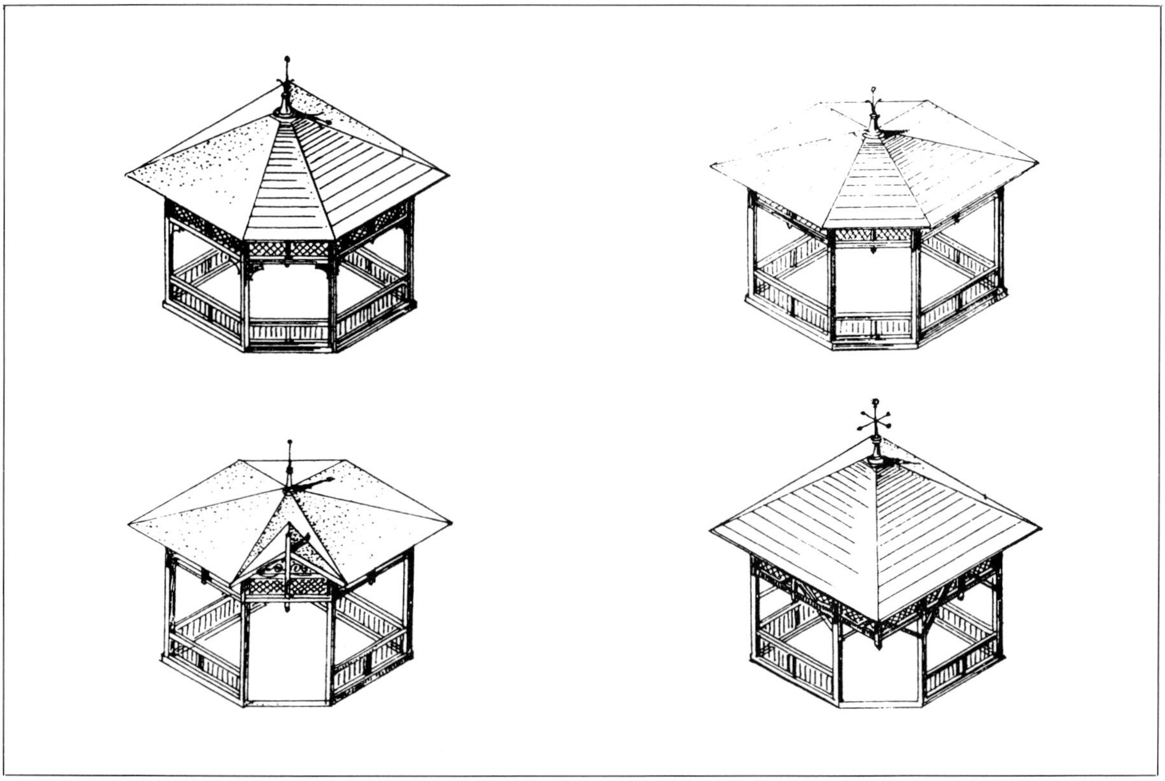

176 d Varianten des Dachaufbaus bei gleichbleibendem Grundriß. △

176 e Isometrische Darstellung der Pavillonkonstruktion. Erkennbar ist, daß die Helmstange – zur Halterung des Daches und Bestimmung des Neigungswinkels – durch ein sog. Balkenschloß aus Halbhölzern getragen wird. ▽

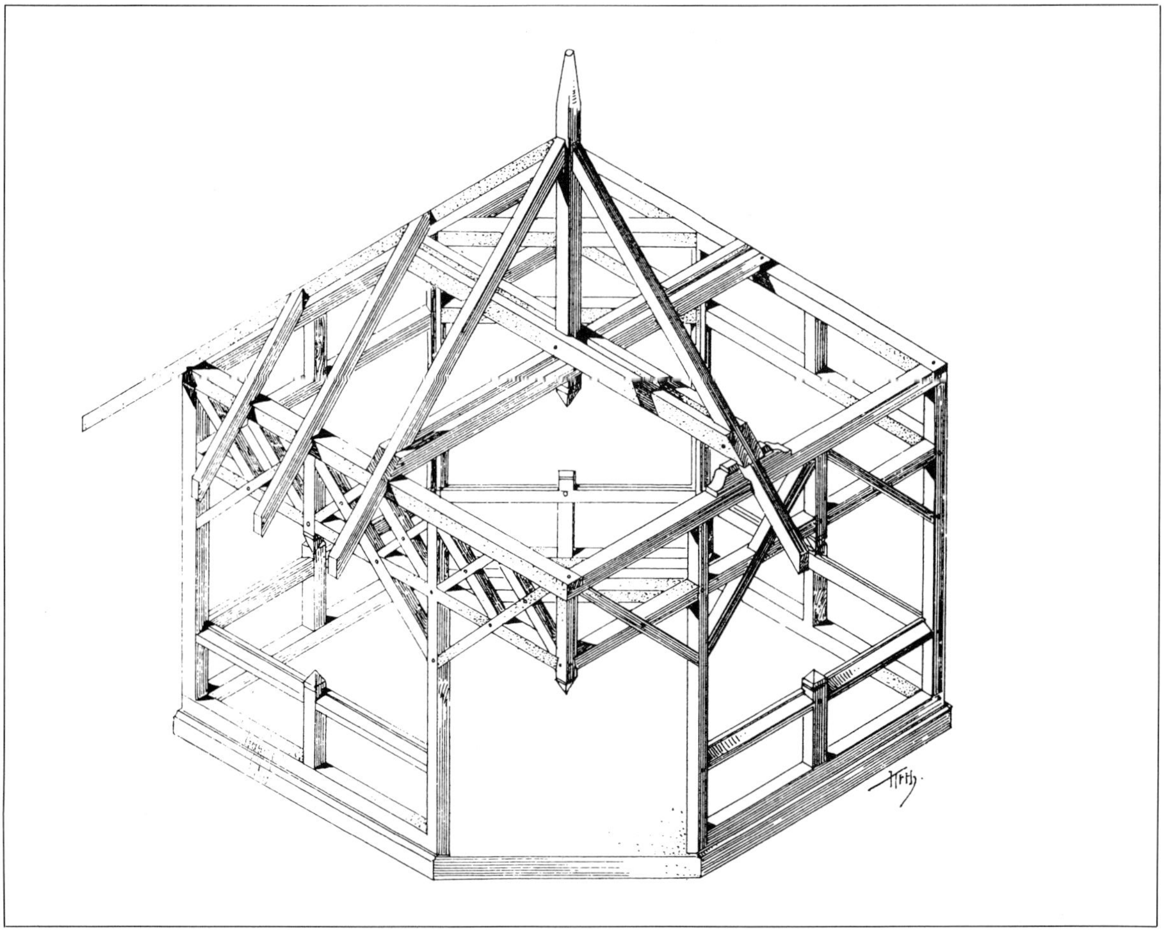

178 a Gartenpavillon an einem Teich in einem Hausgarten. Entwurf: Architekten Haag, Haffner und Stroheker und Gartenarchitekt B. Krüger, Stuttgart. ▷

177 Viereckiger Pavillon auf einer Gartenmauer in Berlin. Das massive Wohnhaus mit seinen eher robusten Materialien findet seine Entsprechung in der Umfassungsmauer aus Naturstein und im recht grob gegliederten und aufgebauten Gartenhaus.

178 b Grundriß und Ansichten zum Pavillon von Abb. 178 a. Baubeschreibung: Holzriegelständerbau mit vier Rundholz-Eckpfosten ∅ 25 cm auf vier Punktfundamenten (einbetonierte Findlinge o. ä.) – Aussteifende Leichtbauwände, mit wasserfesten Sperrholzplatten beplankt – Bodenbretter zweifach diagonal verlegt – Zeltdach-Sparrenkonstruktion ebenfalls diagonal ausgesteift – Kupferdeckung mit Stehfalz auf Brettschalung – Fenster und Türen aus Stahlwinkelprofilen, einfach verglast – Bodenträger mit Stahlschuh an Eckpfosten – Achsmaß Grundriß: 4,00 × 4,00 m; Höhe über alles ca. 4,00 m; Dachüberstand umlaufend 0,75 m; Vorterrasse 5,00 × 5,00 m. ▷

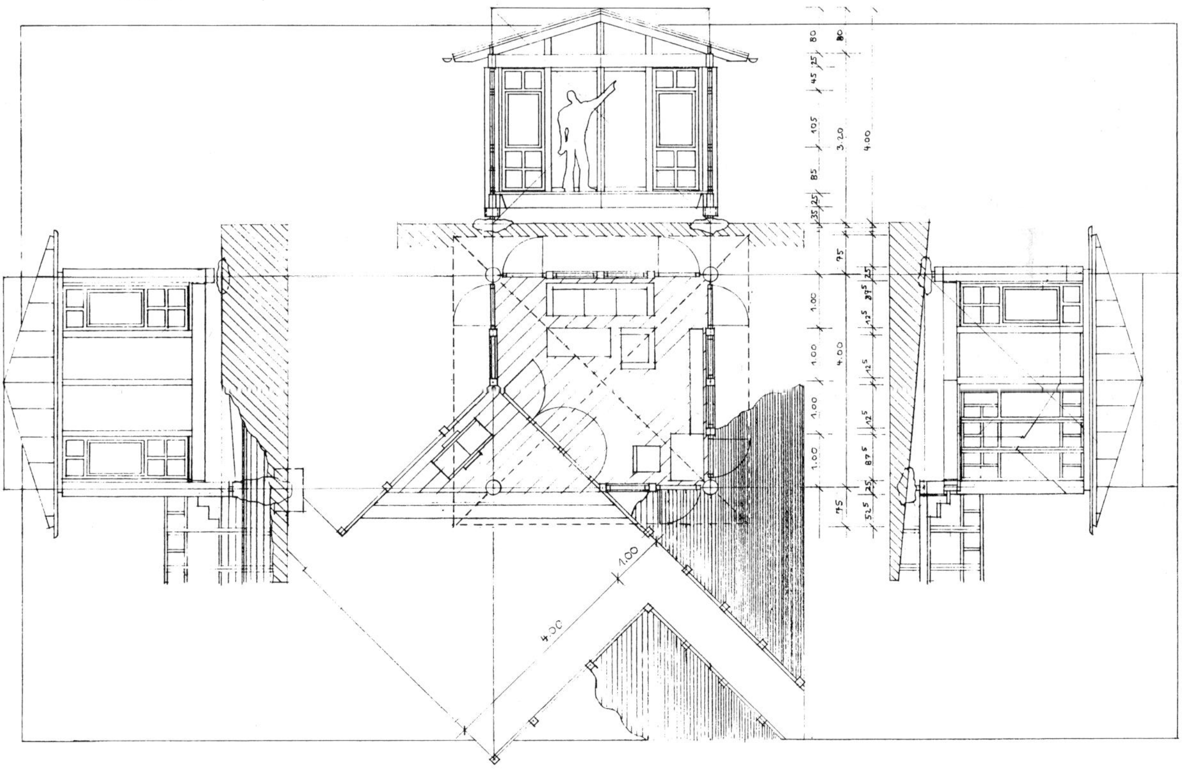

179 Gartenpavillon als Fertigprodukt auf der Internationalen Gartenbauausstellung, München 1983.

180 Sehr schöner, wenn auch kaum mehr genutzter Pavillon mit z. T. offenen, z. T. geschlossenen Seiten in der Nordstadt von Hannover. Besonders gelungen ist die Zuordnung zum Baum: Dieser bietet Abgrenzung und Schutz, im Frühling werden die erwünschten Sonnenstrahlen dagegen nicht behindert.

181 Gartenhaus in einem Hausgarten in Bülstedt im Kreis Rotenburg/Wümme. Material: Glas und afrikanisches Hartholz. Entwurf: Frau Nordheim, Bulstedt. ▷

182 »Lusthus« nennt sich dieser Pavillon in Fertigbauweise aus Schweden. Er wird als kompletter Bausatz geliefert; alle Holzteile sind zwar gehobelt, aber ansonsten unbehandelt, so daß die Art der Farbe oder Lasur selbst bestimmt werden kann.

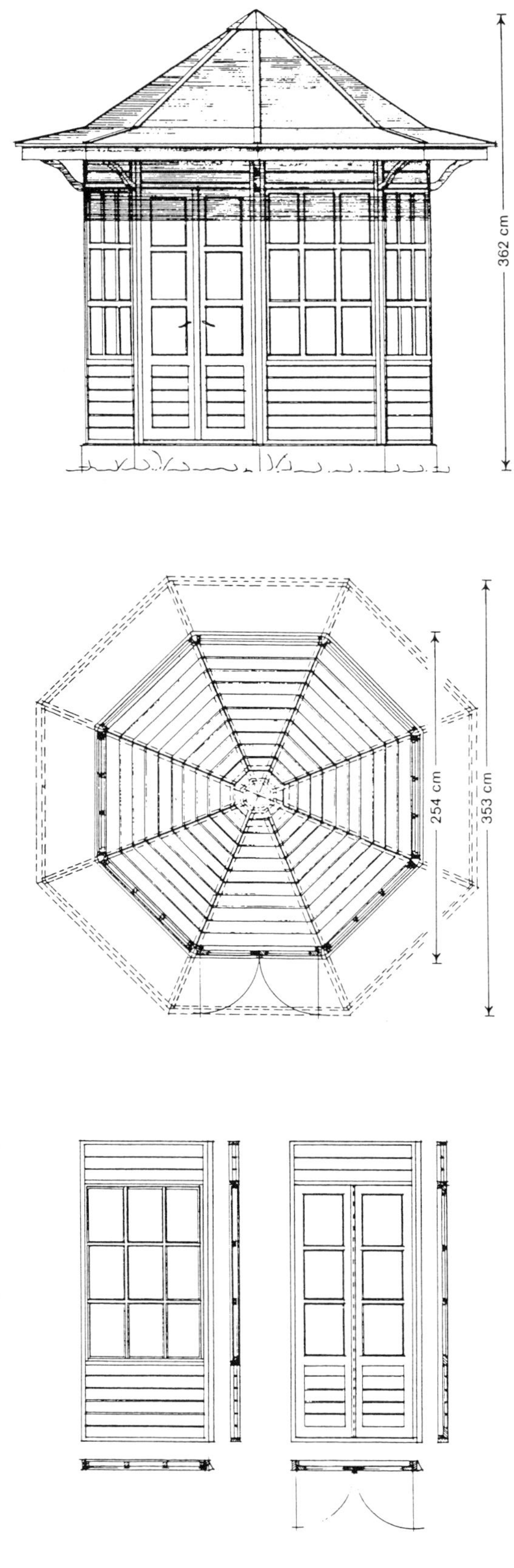

183 a Eine achteckige, verglaste Gartenlaube in Fertigbauweise aus Dänemark. Ihre Grundfläche beträgt 4,50 m².

183 b Dachaufsicht zum Pavillon von Abb. 183 a. Das Dach wird aus acht Kiefernholzelementen zusammengesetzt, die mit einer speziellen, grauweißen Schiffsanstrichfarbe gestrichen sind.

183 c Details der Wandelemente von Abb. 183 a (Fenster und Tür). ▷

184 △

185 ▽

186 ▽

184 Achteckiger Pavillon aus Schweden, als Bausatz erhältlich.

185 Eine Variante zum »Lusthus« auf Abb. 182.

186 Zeichnerische Darstellung des Pavillons von Abb. 184.

187 Sechseckiger Holzpavillon in einem Privatgarten in Hückeswagen/Rheinland, errichtet zur Zeit des Biedermeier. Die Innenwände waren zunächst mit Scherenschnittporträts geschmückt, wurden aber später mit Stadtansichten übermalt.

188 Quadratischer Pavillon in Rinteln/Niedersachsen. Die Konstruktion des Gebäudes ist vollständig hinter der flächigen Verschalung verborgen, die Hauscharakter annimmt; dagegen zeigt der verspielte, zentrale Dachaufbau eindeutig Pavillonbaustil. ▷

METALLPAVILLONS

Der Baustoff Stahl wird in der Regel in Skelettbauweise verwendet. Die konstruktiven Grundelemente können bei gleicher Belastung sehr viel dünner sein als bei Holz. Dies ermöglicht die Gestaltung der lichtesten und verspieltesten Pavillons überhaupt, wirft aber auch gestalterische Probleme auf. Die Zierlichkeit der Stützen steht z. B. meist im Gegensatz zu dem festen, geschlossenen und damit »schweren« Dach des Pavillons. Die bei der Skelettbauweise wünschenswerte Einheit von Funktion und Form ist bei der Verwendung von Metall nicht ohne weiteres zu erreichen und sichtbar zu machen. Von Vorteil ist sicherlich die große Haltbarkeit des Materials, dies ist vermutlich auch der Grund dafür, daß es recht viele neue Beispiele – die z. T. allerdings »alt« aussehen – für Pavillons aus Metall gibt.

189 Pavillon aus weiß lackiertem Aluminium. Die Dachkonstruktion besteht aus Holz und wird mit schieferähnlicher Bitumenpappe eingedeckt; den oberen Abschluß bilden eine Zinkkappe und eine Aluminiumkugel. Als Fundament wird Fertigbeton empfohlen. △

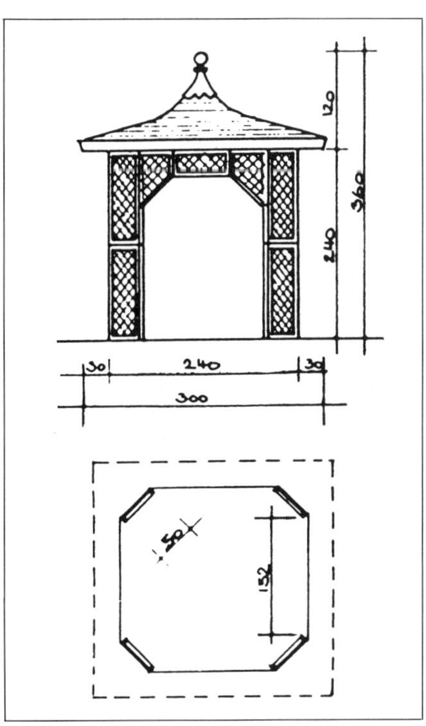

◁ 190 Ansicht und Grundriß des Pavillons von Abb. 189.

191/192 Alter, achtekkiger Metallpavillon, berankt mit Kletterrosen, in einem Privatgarten in Winkel am Rhein. Die Stahlkonstruktion zeichnet die Umrißlinien der konstruktiven Elemente entsprechender Holz- bzw. Steinarchitektur nach (Auflagebalken, Stützen, Torbogen, Brüstung). Durch die eingefügten Zierelemente entsteht der Eindruck von Flächigkeit und Stabilität dieser Teile. Der flache Neigungswinkel läßt das Dach weniger schwer erscheinen und perspektivisch zurücktreten. Die kleine, aufgesetzte Laterne unterstreicht noch diese Wirkung.

192 Ausblick aus dem Pavillon in den Garten.

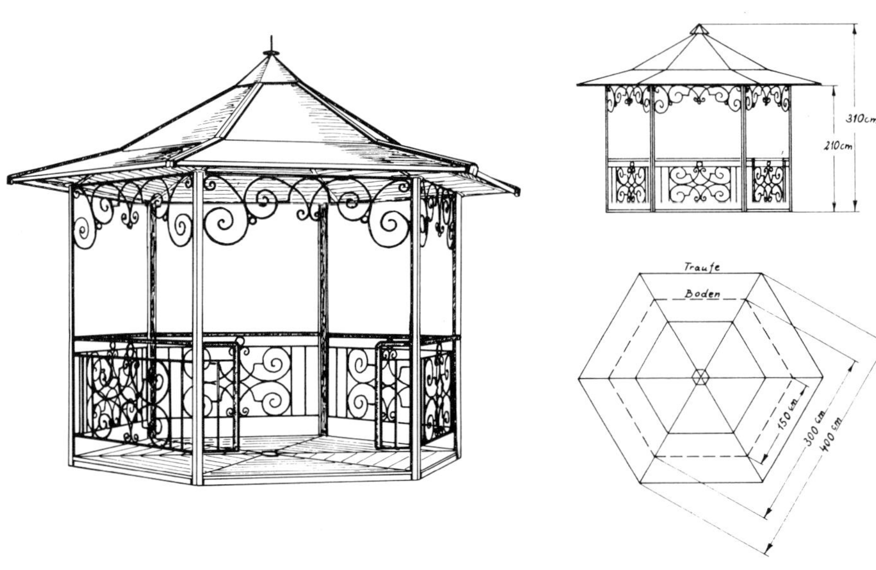

193 Ansicht und Grundriß eines Pavillons in Fertigbauweise. Dach und Fußboden bestehen aus Fichtenholz, die Eckstützen und die Gitterelemente aus feuerverzinktem Eisen. Wenn der Zinküberzug einigermaßen verwittert ist (nach ca. sechs Monaten), kann er farbig angestrichen werden. Die Dachdekkung kann wahlweise aus Eisen- oder Kupferblech sein.

◁ *194 Sogenanntes »Teehaus« in Fertigbauweise aus Stahl, Aluminium und Glas auf einem kleinen Hügel mit Treppenaufgang in einem Hausgarten in Berlin.*

▽ *195 Der gleiche Pavillon wie in Abb. 194 in Weiß. Die tragende Unterkonstruktion besteht aus feuerverzinktem Stahl, die Außenhaut aus einer Aluminiumlegierung. Die Verglasung des Daches sowie der Senkrechten erfolgt in durchsichtigem Spiegelglas (4 mm).*

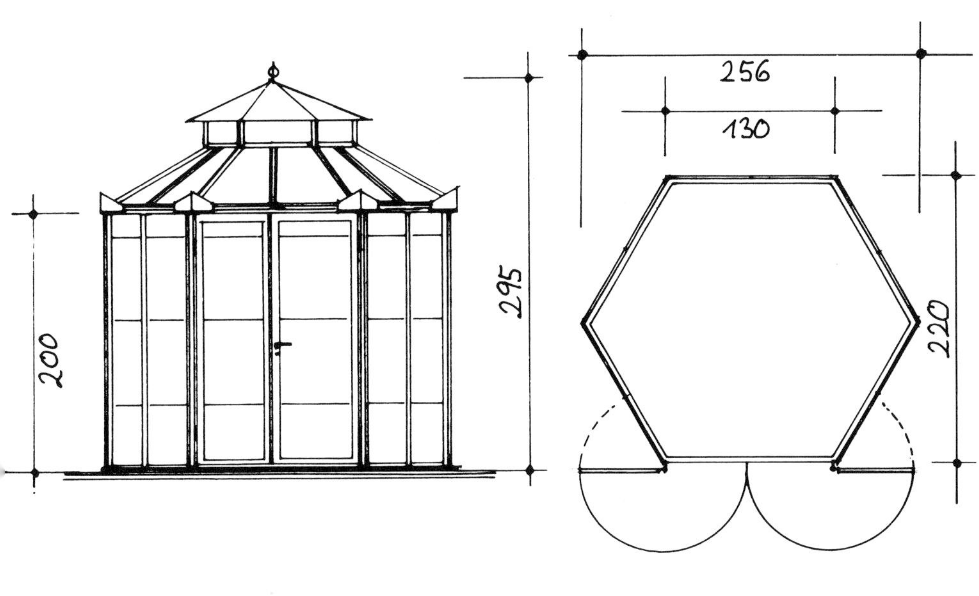

◁ *196 Ansicht und Grundriß des Pavillons von Abb. 194.*

197 Ein Gartenhaus in Remscheid-Lennep in den typischen bergischen Farben Schwarz, Grün und Weiß. Es wurde Ende des letzten Jahrhunderts nach alten Vorbildern liebevoll nachgebaut.

STEINPAVILLONS

Unter Pavillons stellt man sich normalerweise leichte, luftige und eher zierliche Bauwerke vor. Auf den folgenden Seiten werden nun Beispiele von Gebäuden gezeigt, die zwar auch die Form eines Pavillons im Grundriß und im Aufbau haben, durch ihre Bauweise aus Stein aber eindeutig schwerer wirken als diejenigen aus Holz oder Metall. Zwar gibt es einige Beispiele, bei denen die Tragkonstruktion auf Säulen reduziert ist und die daher den offenen Charakter beibehalten; die Mehrzahl zeichnet sich jedoch durch geschlossene Wandflächen und damit durch eine gewisse Schwere aus. Die Pavillons auf den nächsten Seiten sind durchgängig älteren Datums. Offensichtlich ist der Baustoff Stein in der heutigen Zeit – zumindest für Gartenhäuser – kaum mehr gebräuchlich. Dies liegt zum einen sicher an dem recht hohen Aufwand, zum anderen daran, daß man solche Gebäude heute wohl nicht mehr »für die Ewigkeit« baut.

198 Sechseckiger Pavillon auf Säulen mit gebrochenem Zeltdach in Mittelheim/Rheingau.

199 Entwurf für ein Gartenhaus von E. Pils, Stuttgart 1908, im Rahmen des Wettbewerbs der Zeitschrift »Die Woche«.

200 a Entwurf von W. Uhlit für einen Pavillon, eingefügt in die Mauerecke eines bürgerlichen Gartens, im Rahmen des Wettbewerbs »Die Woche« (Straßenansicht). ▽

200 b Gartenansicht des Pavillons von Abb. 200 a.

201 Reetgedeckter Eckpavillon auf einer Gartenmauer in Hannover-Ricklingen (Straßenansicht).

202 Fachwerkpavillon in Bremen-Oberneuland, genutzt als Wartehäuschen der Bushaltestelle.

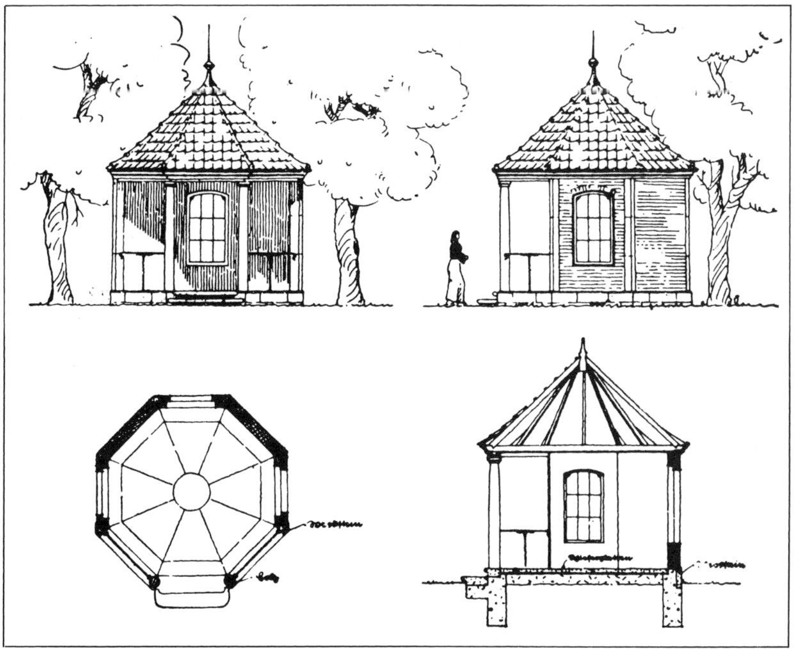

◁ 203 Entwurf von Kleffner 1942 für ein Teehäuschen.

204/205 Fachwerkpavillon an einem Stauweiher bei Haus Thal in Immekeppel bei Köln, ehemals Standort einer Wasserburg. Heute gibt der Pavillon den stimmungsvollen Hintergrund für ein Gartenlokal ab (Abb. 204).

206 Achteckiges, ehemaliges Badehäuschen in Fachwerkbauweise aus dem 18. Jh. im Burgbezirk in Denklingen/ Bergisches Land. Es wird derzeit von der Gemeinde Reichshof renoviert.

207 Pavillon im Kurpark von Bad Pyrmont.

208 Gartenhäuschen im Großen Garten in Hannover-Herrenhausen. Bemerkenswert ist seine Eingebundenheit in die Mauer: es verschließt sich nach außen und öffnet sich zum Garten.

209/210 Der verschieferte, unterkellerte Pavillon im Staatsweingut Steinberg bei Eichberg/Rheingau bietet einen weiten Blick über die Weinberge.

210 Fensterdetail des Pavillons von Abb. 209.

GARTENHÄUSER AUS HOLZ

Die meisten Gartenhäuser aus Holz sind Kleingartenlauben, deshalb gehen wir darauf gesondert ein. Hierin dokumentiert sich sehr deutlich die mehr »praktische« Bestimmung dieser Kategorie.
Im Gegensatz zu den Holzpavillons wird die tragende Holzkonstruktion bei Gartenhäusern meistens verdeckt durch Verkleidung mit den verschiedensten Materialien. Dabei besteht die Gefahr, daß die Wandflächen undifferenziert und ausdruckslos erscheinen. Dies ist leider bei vielen fertig angebotenen Häusern der Fall.
Wir möchten behaupten, daß sich auch preiswert und ohne zu großen Aufwand schöne Holzhäuser herstellen lassen. Einmal vorausgesetzt, der Baukörper ist in seinen Proportionen und Flächenaufteilungen in Ordnung, so besteht eine gute Möglichkeit der Gestaltung darin, die tragende Konstruktion sichtbar zu machen, indem man nur jeweils die Gefache ausfüllt oder einen Teil des Hauses als offene Veranda ausbildet und dabei die Stützen frei läßt. Hier ergeben sich dann Möglichkeiten, mit Spalieren und Rankpflanzen das Haus zu verschönern.
Soll das Haus aber doch mit Holz verkleidet werden, so wirkt die senkrechte Verbretterung (vgl. Abb. 211–213) schöner. Es ist dabei allerdings eine zusätzliche Unterkonstruktion aus Dachlatten auf den Ständern anzubringen. Schmale und gehobelte Nut- und Federbretter wirken, da sie auch so häufig verwendet werden und ihre Fugen nur eine »Täuschung« sind, leicht steril. Schöner sind breitere, rauhe Bretter; ihre Fugen können mit schmalen Leisten (2–3 cm breit) abgedeckt werden, wodurch die Fläche ein lebendiges Relief bekommt (vgl. Abb. 212). Bei diesem Haus trägt auch das Dach viel zu einem harmonischen Baukörper bei.
Möchte man sein Haus aber doch lieber quer verschalen, so wirkt eine Stülpschalung durch ihre Schattenbildung reizvoll. Hierbei liegen die Bretter dachziegelartig übereinander.

211 Gartenhaus im Innenhof eines Altbauquartiers in Hannover. Es überzeugt durch seinen gelungenen Anstrich in Gelb und Rot.

212 Dunkelrot gestrichenes Holzhaus in Kalmar, Schweden.

213 Gartenhaus in Engelbostel bei Hannover. Es handelt sich offensichtlich um einen Selbstbau, der zwar schlicht gehalten ist, jedoch durch seine Farbigkeit (Dach rot, Wände grün) sehr reizvoll wirkt.

214 ▷

214 Selbstgebaute Laube im grünen Pelz aus echtem und wildem Wein in Hannover.

215/216 Das liebevoll gebaute Gartenhaus in Bremen-Oberneuland erfreut jeden vorbeikommenden Spaziergänger, auch wenn es rein stilistisch keinen erkennbaren Zusammenhang mit dem Wohnhaus hat.

216 Blick vom Garten auf das Gartenhaus.

217 a, b Zeichnung und Grundriß einer Gartenlaube in einem Hausgarten in Darmstadt. Entwurf: E. Grützner, Aachen. ▽

217 a △

217 b ▽

218 △

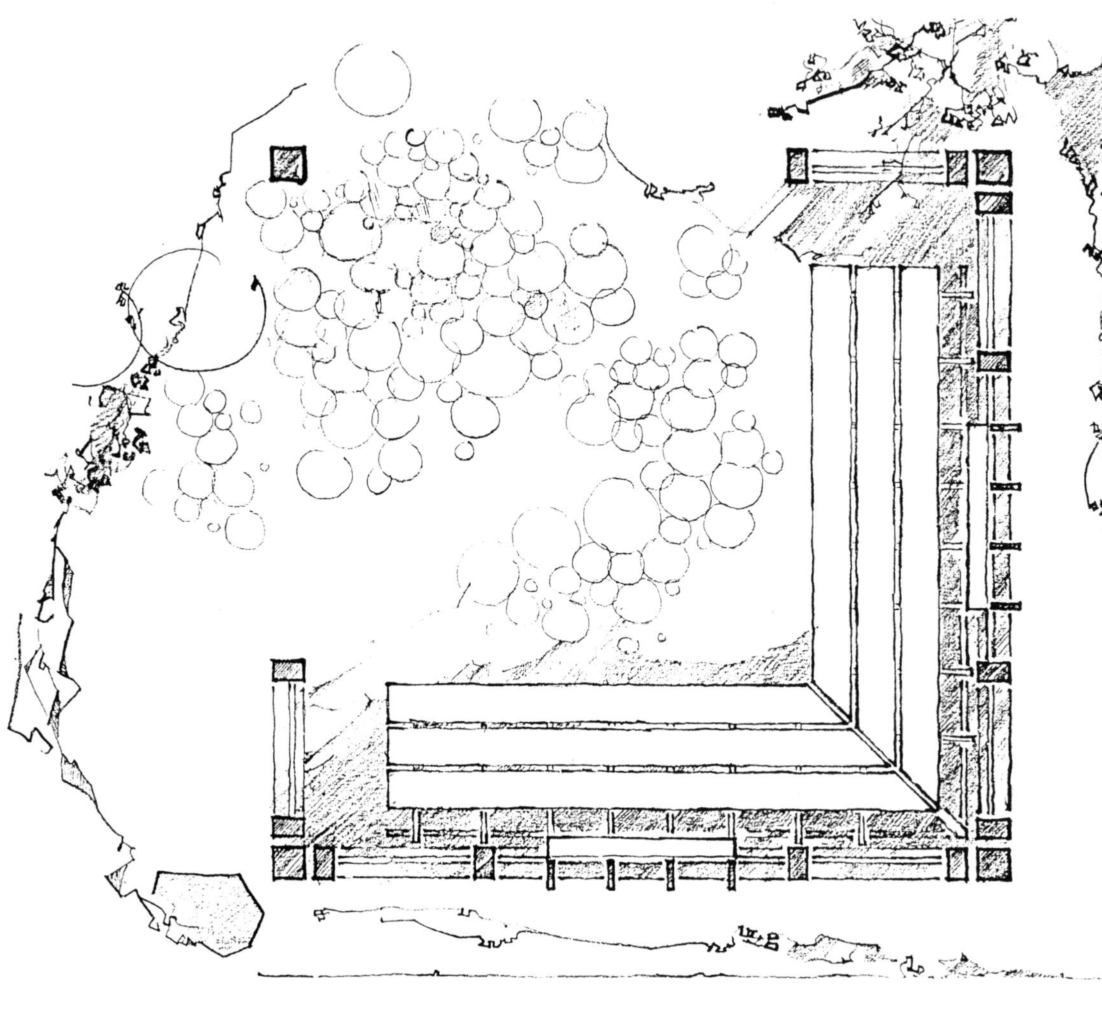

218/219 Zwei Ansichten der Laube von Abb. 217.

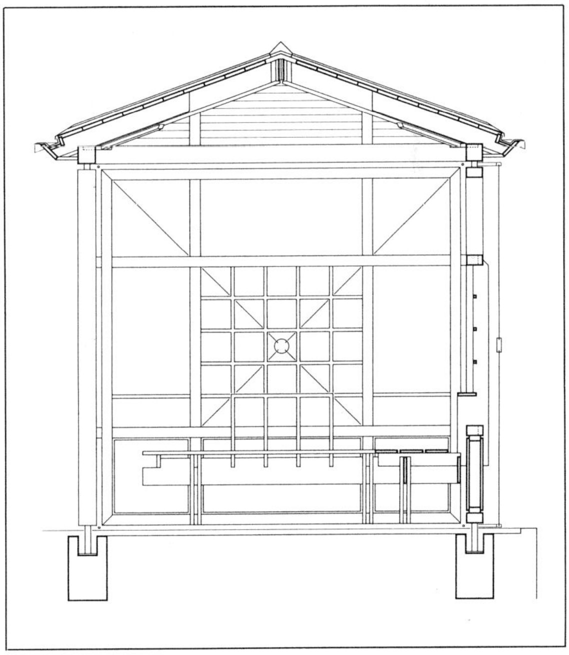

220 Schnittdarstellung der Laube.

221/222 Ansicht eines Gartenhauses in Remscheid-Lennep, welches hinten mit einer Apsis abschließt. Es stammt aus der Zeit vor 1900 und zeigt die zu dieser Zeit typische Bauweise mit Holz.

222 Detail eines seitlichen Oberlichts des Hauses von Abb. 221. ▷

223 Verglastes Holzhaus in Bremen-Oberneuland mit auffallend dickem Traggerüst. Die Verwendung unterschiedlich starker Hölzer läßt ein etwas unruhiges Gesamtbild entstehen. ▽

224/225 Gartenhaus mit Veranda in Rørvig, Dänemark, 1930 als Kaffeestube erbaut. ▽

224 Von der Bank hat man einen direkten Ausblick auf die Ostsee (Kattegatt).

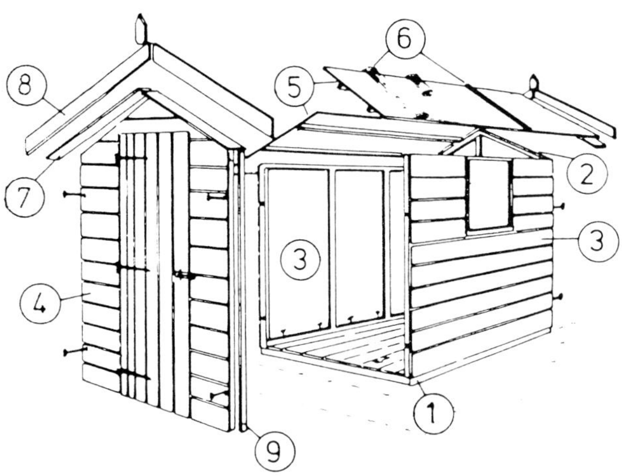

① Bodenplatte auf festem Untergrund (z.B. Kies, Balkenlage oder ähnlichem) waagerecht ausrichten.
② Rückwandteil aufsetzen.
③ Beide Seitenteile aufsetzen und mit der Rückwand an den Ecken verschrauben.
④ Frontseite aufsetzen und ebenfalls mit beiden Seitenteilen verschrauben.
⑤ Beide Dachteile auflegen und ausrichten. Anschließend alle Außenseiten mit Boden und Dachteilen vernageln.
⑥ Bitumenpappe auflegen, ausrichten und mittels Pappstiften und Dachlatten gut aufnageln.
⑦ Leibungsbretter unter dem Vordach befestigen.
⑧ Windbretter festnageln.
⑨ Eckleisten festnageln.

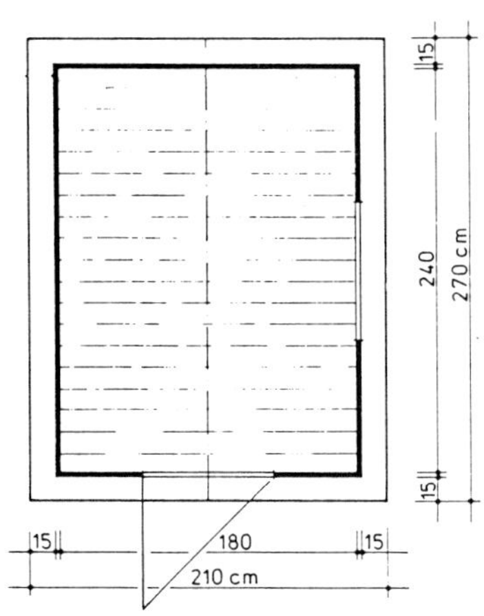

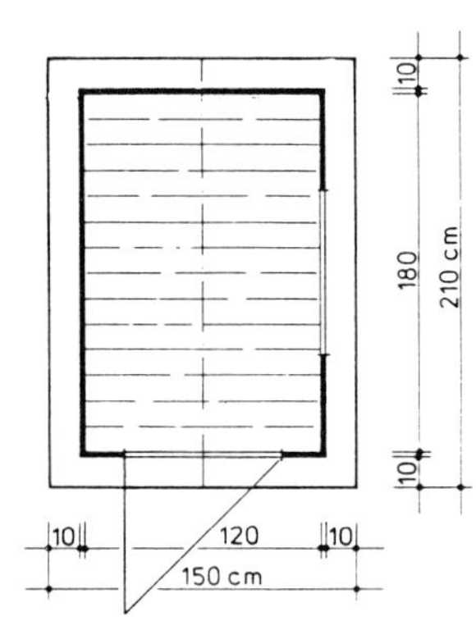

226a Die zum Bausatz mitgelieferte Bauanleitung ermöglicht es auch dem Laien, das Häuschen aufzustellen.

226b, c Das Gerätehaus wird in zwei Größen, wie auf den Grundrissen dargestellt, gefertigt. Das Element mit dem Seitenfenster kann links oder rechts angeordnet werden. Die Firsthöhe beträgt 2,10 m, die Seitenhöhe 1,85 m.

227/228 *Gartenhaus nach dem System der Abb. 226 a in einem Gemeinschaftshof von vier Altbauten in Hannover Linden-Süd. Das Häuschen dient als Geräte- und Spielhaus. Entwurf: Gartenarchitektin J. Spalink-Sievers, Hannover.*

228 Lageskizze des Hofes, in dem das Gartenhaus steht.

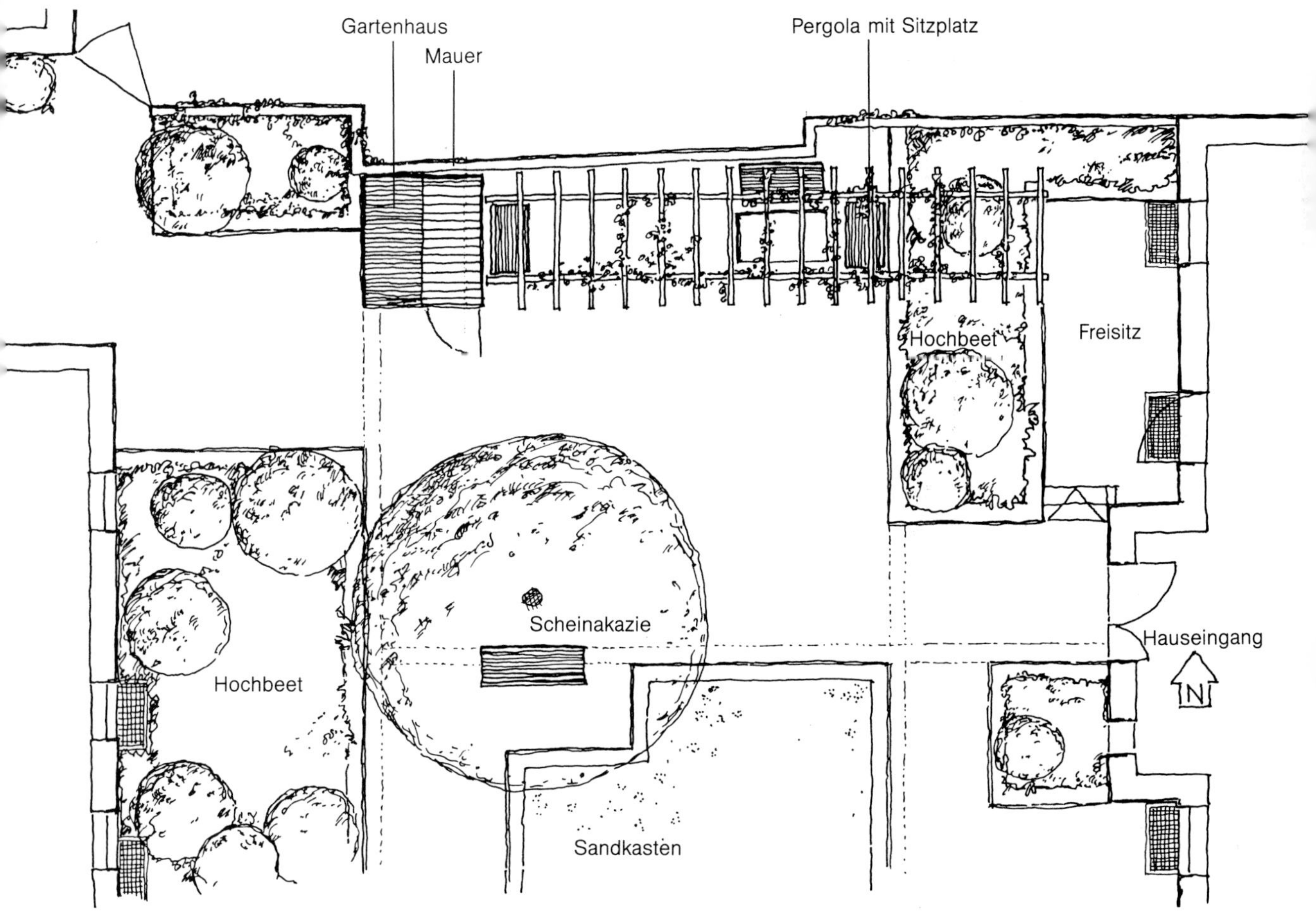

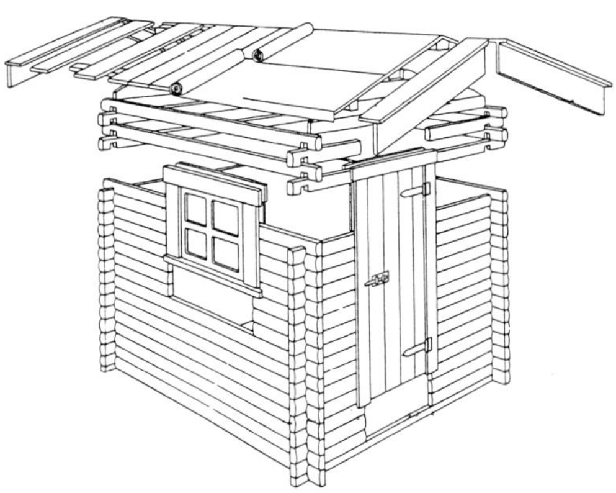

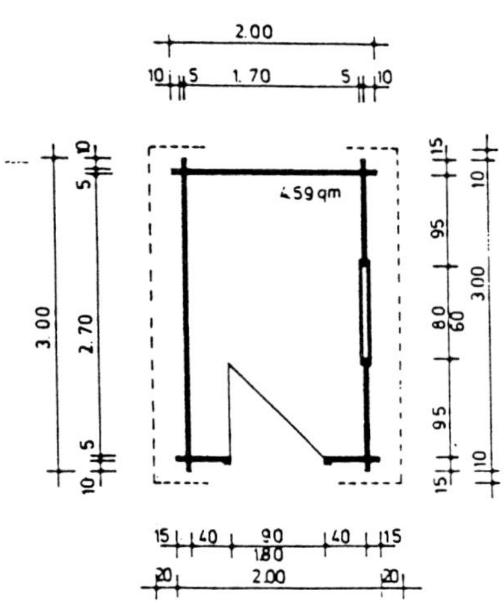

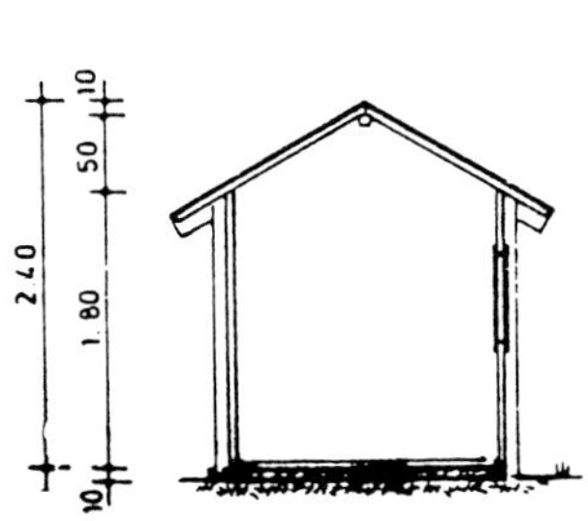

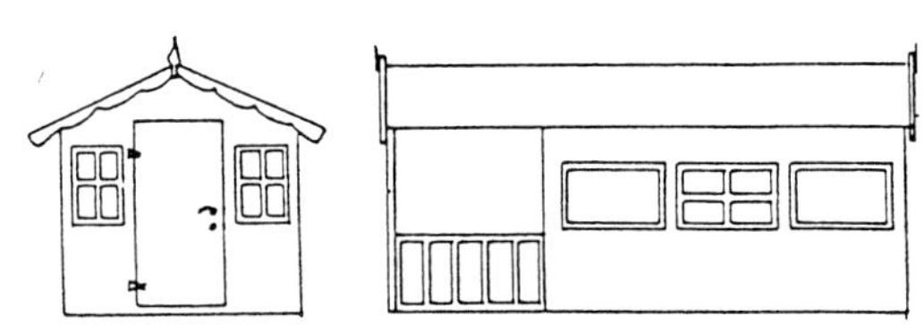

◁ 229 a Gartenhaus als Bausatz.

◁ 229 b, c Grundriß und Schnitt zum Gartenhaus von Abb. 229 a.

△ 230 a Auch dieses Gartenhaus ist ein Serienprodukt. Die kleine Terrasse macht einen einladenden Eindruck.

△ 230 b Ansichten und Maße des Hauses von Abb. 230 a.

231 Kleines Gartenhäuschen in Hattenheim am Rhein, mit Wein berankt.

△ 232 Reetgedecktes Fachwerkhäuschen in Otterstedt bei Bremen. Es kamen nur regionale Bauformen und Baustoffe zur Anwendung.

KINDERHÄUSER

Wenn wir hier ein gesondertes, kleines Kapitel über Kinderhäuser bringen, so soll dies als ein Plädoyer für den häufigeren Bau von Gartenhäuschen für Kinder verstanden werden.
Die meisten und schönsten Beispiele von Kinderhäusern fanden wir in Dänemark, häufig in Verbindung mit den dort typischen Sommerhäusern. Die ihnen zugeordneten Kinderhäuser dienen einerseits als Schlafräume für die Kinder, ermöglichen aber auch einen (konfliktfreieren!) Aufenthalt während des Tages bei schlechtem Wetter oder bei Beschäftigungen, denen lieber ohne die Gegenwart von Erwachsenen nachgegangen wird. Aber auch in kleinerer Form sind sie Treffpunkt und Stätte vielfältigen Spiels.
Eigentlich gehört in den Garten einer jeden Familie mit Kindern ein Kinderhaus – und sei es auch noch so klein. Es ist ein Zeichen dafür, daß wir die Bedürfnisse unserer Kinder ernst nehmen, sich unsere Umwelt spielerisch anzueignen und sich in ihr »häuslich« niederzulassen.

233 Kleines Kinderhaus, geplant für den Garten einer jungen Familie, auf der Internationalen Gartenbauausstellung, München 1983. Planung: H. Bauer & P. Kieser, München.

234 Das einfachste und schönste Kinderhaus ist ein selbstgebautes Baumhaus.

235 Ein typisches Kinderhaus in Rørvig, Dänemark. Es ist mit zwei kleinen Betten, einem Tisch und zwei Hockern maßstabsgerecht für Kinder eingerichtet. Das Haus ist hellgrau gestrichen, die schöne, geteilte Tür in grüner Farbe.

236 Einfaches, selbstgebautes Kinderhaus aus Nadelholzbrettern in Hannover-Ricklingen.

237/238 Ein Kinderhaus aus Stein mit dunkelrot gestrichenem Putz und Reetdach in Rørvig, Dänemark; seine Firsthöhe beträgt nicht einmal 1,50 m. Eine nette Idee ist der dazugehörige, maßstabsgerecht eingezäunte, kleine Garten.

◁ 237 Am rückwärtigen Giebel des Hauses befindet sich ebenfalls eine Tür.

239 Ein Kinderhaus im Fachwerkstil mit Veranda (als »Autostellplatz« genutzt) in einem Hausgarten in Berlin.

240 Selbst ein ausgedientes Weinfaß läßt sich zum Kinderhaus umfunktionieren.

241/242 Dieses rot-weiße, als Bausatz erhältliche Kinderhaus mit Veranda steht in der Kleingartenkolonie Culemeyertrift in Hannover.

242 Seitenansicht des Kinderhauses. △

243 Kleines Kinderhaus im Fachwerk-Bauernhausstil in Rørvig, Dänemark.

244 Kinder-Spiel-Haus in einem gemeinschaftlich genutzten Innenhof in Hannover-Linden. Im Inneren des Hauses befindet sich eine Empore, auf die man über verschiedene Auf- und Abgänge gelangt. Entwurf: Architekt R. Wenzel, Hannover.

245 △

246 ▽

◁ 245 Dieses Kinderhaus wurde direkt über dem Sandkasten errichtet. Solch eine »Umnutzung« ist gerade in kleineren Hausgärten je nach Alter der Kinder sinnvoll.

246 Aktueller Zustand des Pavillons von Abb. 245. Er wird als Spielhaus für die Kinder und als Feuer- und Grillplatz für groß und klein genutzt. Der Rauchabzug ist durch das Loch in der Dachmitte bzw. auch langfristig durch die Laterne gewährleistet.

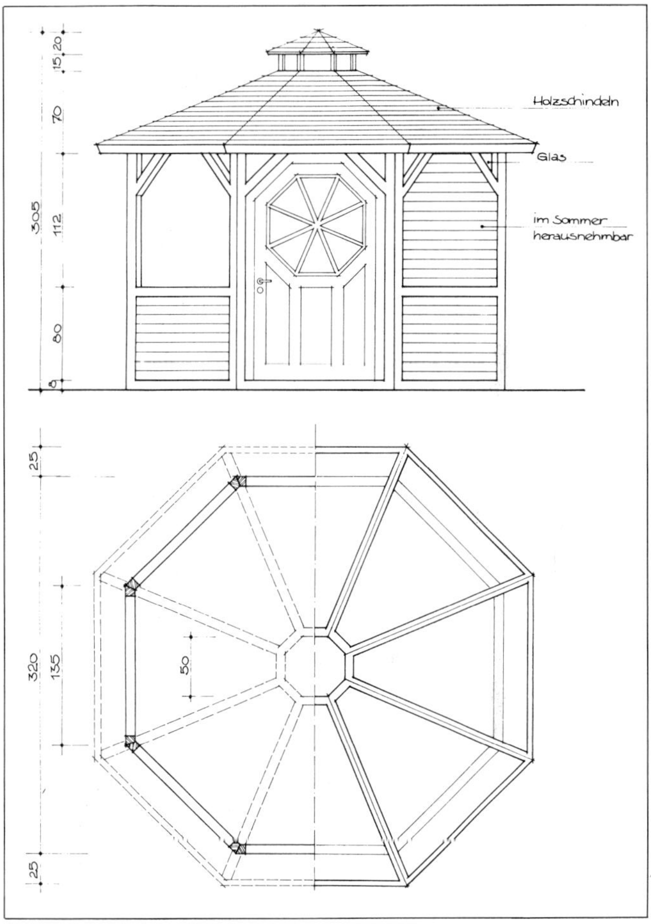

247 Die Zeichnung zeigt den Entwurf zum Kinderhaus der Abb. 245/246, nach dem zunächst nur das Grundgerüst und das Dach gebaut worden sind. Der Ausbau der Wandfüllungen, der Tür und der Laterne soll erst später erfolgen. Entwurf: Architekten P. u. H. von der Lippe, Hannover.

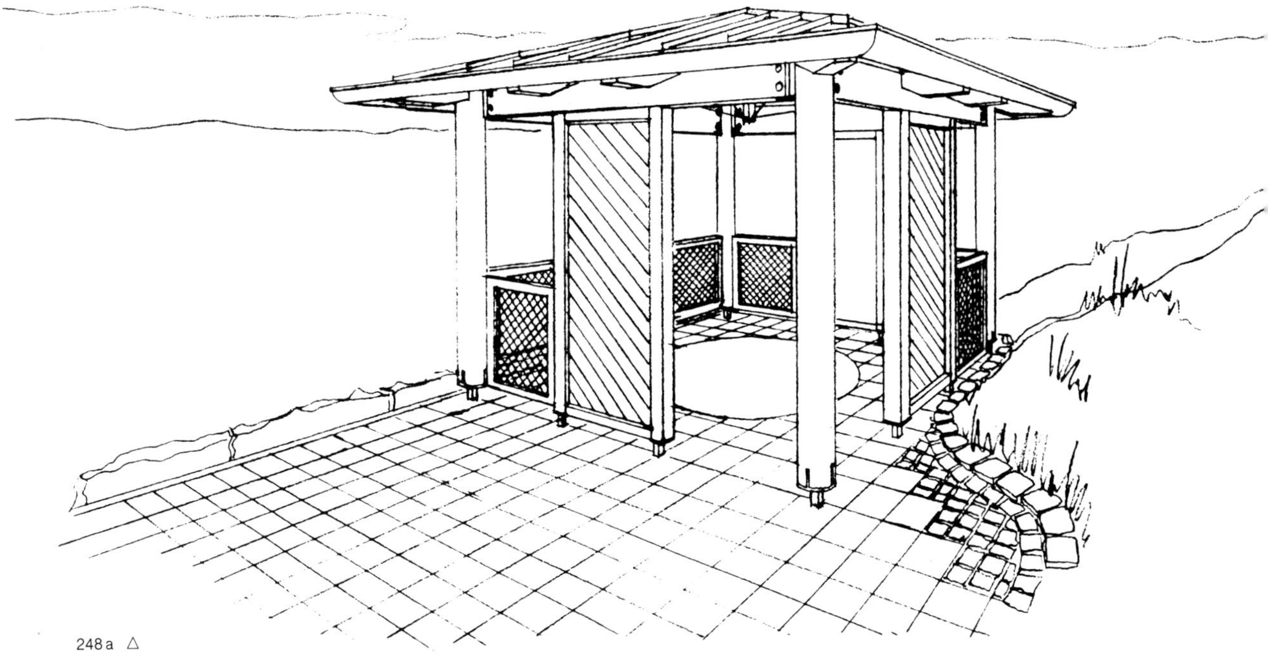

248a △

248b ▷

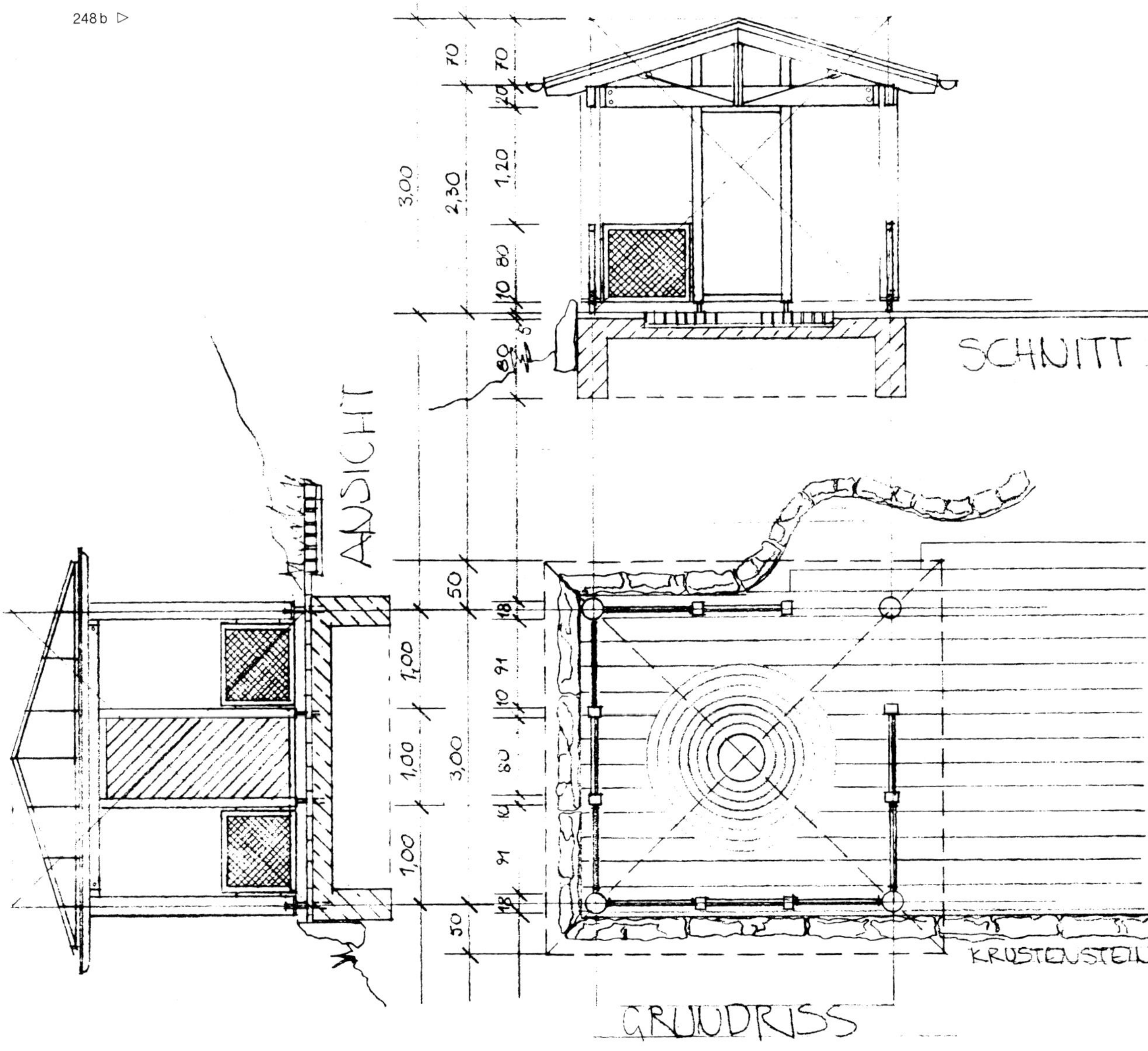

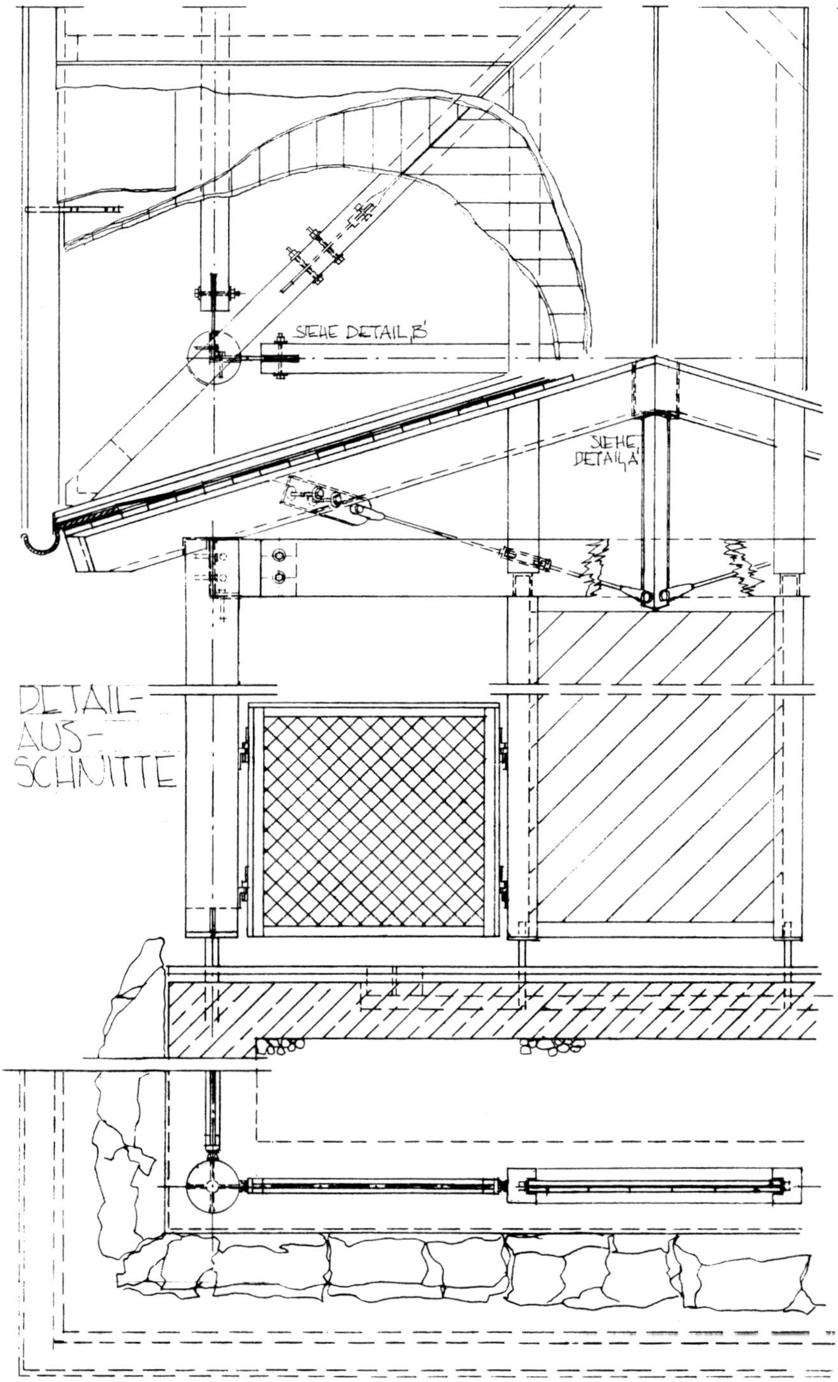

248c △

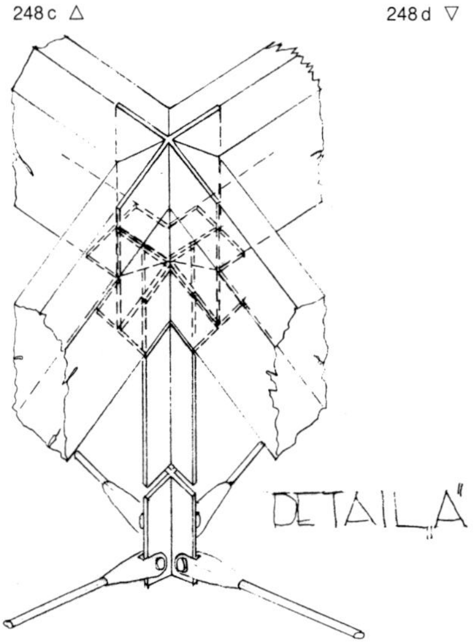

248d ▽

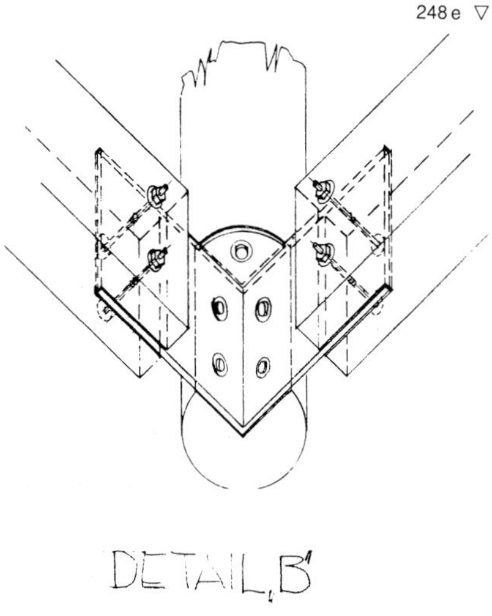

248e ▽

248a »Märchenpavillon« am Kindertagesheim Heslach in Stuttgart. Funktion und Material: Regen- und Sonnenschutzdach für offene Möblierung – runde Eckstützen – diagonal verbretterte Seitenteile mit innenliegenden Maltafeln – Dachdeckung mit Zedernschindeln. Entwurf: Gartenarchitekt B. Krüger, Stuttgart.

248b Grundriß, Ansicht und Schnitt des Pavillons von Abb. 248a.

248c, d, e Detailausschnitte zur Konstruktion des gleichen Pavillons.

GARTENHÄUSER AUS STEIN

Gartenhäuser werden, ähnlich wie Pavillons, nur noch ausnahmsweise aus Stein gebaut. Holz wird beim Bau von Gartengebäuden in der Regel dem Baustoff Stein vorgezogen. Dieser ist teurer, seine Haltbarkeit übertrifft aber die des Holzes. Das massive Material erschwert eine leichte, zierliche Bauweise, wie sie mit Holz erreicht werden kann und wie sie für den Garten meistens gewünscht wird. So entstehen und entstanden eher größere Gebäude, die auch als Wohnung oder Sommersitz genutzt werden können oder aber die Verwendung als kühler und trockener Lagerraum ermöglichen.
Oft wurden diese Nutzungen zusammen in einem Haus verwirklicht, in dem das Untergeschoß oder ein Keller für die praktischen Erfordernisse des Gartens und das obere Geschoß als sonniges Gartenzimmer mit Aussicht auf den Garten und die Landschaft eingerichtet wurde.
Heute werden Gartenhäuser aus Stein fast nur noch in Kleingartenanlagen gebaut. In Privatgärten ist dies eher eine Ausnahme, obwohl es reizvoll sein kann, einem Wohnhaus ein entsprechendes Gartenhaus zuzuordnen, wie unsere Bildauswahl und das Kapitel »Gestaltungskriterien für den Neubau eines Gartenhauses« zeigt, vgl. S. 175.

249 Als Weinkeller genutztes Gartenhaus in Rørvig, Dänemark.

250 Gartenhaus in Hannover-Waldhausen.

251 Fachwerkgartenhaus in der Nähe von Hameln an der Weser. ▽

252/253 Das Gartenhaus mit Pfannendach und Schieferstreifen nach barockem Vorbild in Hannover-Herrenhausen ist in eine lange, hohe Mauer hineingeschoben und besteht auch aus dem gleichen Baustoff wie diese: Sockel in Werkstein, darüber einfacher, leicht gelblich getönter Kellenputz. Die Läden sind grün, die Fenster weiß gestrichen. Entwurf von Bosse, 1942.

252 Heutiger Zustand eines von zwei nach dem Entwurf von Abb. 253 gebauten Gartenhäusern: Die Tür- und Fensterläden sowie der Dachknauf fehlen, das Holz ist grau gestrichen; lediglich der Putz ist gelb geblieben. ▷

252 △

253 ▽

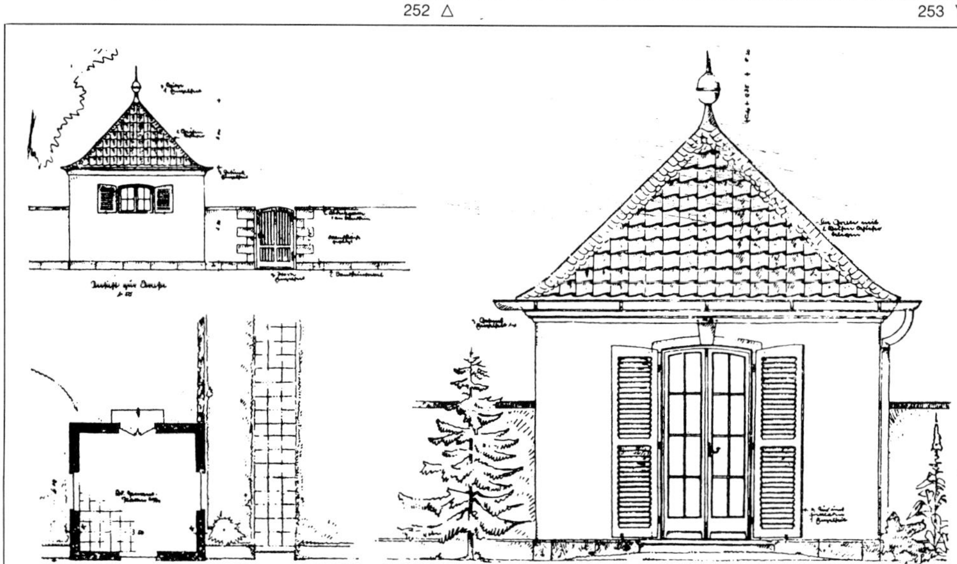

254 Klassizistisches Gartenhaus in Rinteln; es wäre dringend renovierungsbedürftig.

255 Entwurf von Schmoll von Eisenwerth 1908 für ein Gartenhaus.

256 Steinhaus auf der Mauer, mit Blick auf den Rhein, zwischen Eltville und Walluf/Rheingau.

257 Gartenhaus des Abtes von 1722 im Garten des Zisterzienserklosters Eberbach in der Gemeinde Hattenheim/Rheingau. Ein Beispiel für die zweistöckigen Gartenhäuser, die unten einen Lagerraum und oben ein Gartenzimmer besaßen.

KLEINGARTENLAUBEN

»Die Vorläufer heutiger Kleingartenanlagen waren zunächst die Gemüse-, Obst- und Lustgärten der Bürger vor den Toren und Wällen der vorindustriellen Stadt. Solche ›Gartengürtel‹ oder vorstädtische Gartenzonen enthielten sowohl einfache ›Grabeland‹-Parzellen als auch reiche und mit Gartenhäusern ausgestattete Wohngärten.« (Gaßner 1982)
Die eigentliche Entwicklung des Kleingartenwesens begann im Laufe des 19. Jahrhunderts mit den »Armengärten«, um den in den Städten in wirtschaftliche Notlage geratenen Arbeitern die Möglichkeit zu geben, auf einem Stückchen Land zu ihrer Selbstversorgung Obst und Gemüse anzubauen. Am Rande der Großstädte entstanden Laubenkolonien – häufig zwischen Bahndamm und Industriegebiet –, Areale, die in Parzellen aufgeteilt und deren wichtige Bestandteile Behausungen waren: die Lauben, die Schutz vor dem Wetter, Abstellmöglichkeiten von Arbeitsgerät boten, als Treffpunkt und Ort der Geselligkeit genutzt wurden.
Nach dem 2. Weltkrieg wurden aufgrund der Wohnungsnot die Lauben häufig zu Behelfsheimen erweitert, umgebaut, zum Teil zu festen Wohnungen. Heute sind die Besitzer von Kleingärten in allen Gesellschaftsschichten zu finden, oft erfüllen die Lauben die Funktion eines Wochenendhauses.
Die Gestaltungsvielfalt, Form und Farbe der Lauben in den Schrebergärten läßt erkennen, daß viele in Eigenbau entstanden sind, großes Gestaltungsinteresse mit Dekorationslust einhergeht, Liebe zum Detail ablesbar ist: der kleine Garten, das kleine Häuschen als eigene kleine Welt, die Arbeit daran als Hobby, als Ausgleich zum Beruf. Der Besitzer kann hier im Gegensatz zu seiner Mietwohnung relativ freizügig nach seinen eigenen Vorstellungen gestalterisch tätig sein.

Seit April 1983 beschränkt das neue Kleingartengesetz die Größe der Laubenneubauten auf 24 m^2 Grundfläche, ihre Nutzung zu Wohnzwecken ist nicht mehr zulässig. Viele deutsche Städte schreiben bei Neuanlagen von Kleingärten eine beschränkte Anzahl von Laubentypen vor. Normteile verhindern die individuelle Gestaltung durch die Kleingärtner. Handwerkliche Fähigkeiten, Materialwechsel, Variationen und Kombinationen, das Umsetzen eigener Phantasie im eigenen Garten werden beschnitten.
Kleingartenanlagen gehören zum Stadtgrün. In ihrer Gesamtheit können sie ein Park sein, der dem Betrachter eine umfangreiche Palette von in Eigenbau errichteten, kleinen »Ersatzwohnungen« im Grünen bietet.

258 Laube in der Kolonie Annabad, Hannover.

259/260 Lauben in einer älteren Kleingartenkolonie in Berlin-Wilmersdorf.

261 Sommerhausähnliche Laube mit schön geschwungenem Dach und Veranda in der Kolonie Berggarten, Hannover.

262 Im Garten gibt es immer viel zu tun.

263 Laube in der Kleingartenkolonie in Berlin-Wilmersdorf.

264 Hier hat ein Kleingärtner seinen Traum von der eigenen »Burg« verwirklicht – gesehen in einer Kolonie in Hannover-Letter.

265 Eine Laube aus »Abfallmaterialien« in Hannover.

Nicht alle Kleingartenlauben sind so idyllisch wie die auf den von uns gezeigten Photos überwiegend älteren Lauben. Die Wirklichkeit sieht hingegen oft so aus, daß man froh sein muß, wenn man nach langer Zeit überhaupt einen Kleingarten bekommt. Und auf dem Grundstück steht dann entweder eine schon fertiggestellte Normlaube – nackt und kahl, alles andere als lauschig und gemütlich. Oder es steht noch gar keine Laube auf dem Grundstück. Da ist dann guter Rat teuer. Deshalb geben wir auf den folgenden Seiten einige Tips für diejenigen, die ihre kahle Laube verschönern wollen, und auch zum Selbstbau eines Gartenhauses. Diese Bauanleitungen gelten natürlich nicht nur für Kleingartenlauben, sie sind entsprechend auch übertragbar für Pavillons oder Gartenhäuser im Hausgarten oder an anderen Standorten.

266 Ein ganz einfaches Gartenhaus, wie es als Norm- oder Fertiglaube in vielen Kleingärten steht.

267 Durch farbige Gestaltung, durch Hinzufügen von Fensterläden, Rankgittern, Pergolen, Möbeln und nicht zuletzt von Bäumen, Hecken, Kletterpflanzen, Rosen und Stauden wird das Haus in den Garten eingebettet. Während man sich mit den gebauten »Zutaten« eher etwas beschränken sollte – weniger ist hier oft mehr –, kann man bei der Bepflanzung ruhig etwas großzügiger verfahren.

DER SELBSTBAU EINES GARTENHAUSES

Außer zu Fragen des Grundrisses und des Entwurfs wollen wir zu den wichtigsten konstruktiven Punkten wie Fundament, Wand und Dach sowie den gebräuchlichen Materialien Angaben machen.

Zum Raumprogramm einer einfachen Gartenlaube gehören neben dem Hauptraum zum Aufenthalt, zum Kochen und Essen und auch zum Schlafen ein Abstell- und Lagerraum für Geräte, Dünger und Erntegut sowie eine Toilette – sinnvollerweise eine Trockentoilette. Die beiden letzteren Räume sollten vom Garten her zu betreten sein. Die Größe der einzelnen Räume richtet sich nach der Zweckbestimmung des Hauses; z. B. ob es einer mehrköpfigen Familie zum Aufenthalt an den Wochenenden dient oder einer einzelnen Person, die viel Spaß an der Gärtnerei hat und dementsprechend viel Abstell- und Lagerraum braucht.

Typische Kleingartenlauben haben Grundflächen von 15 m^2 bis 20 m^2, wobei der Hauptraum ca. 8–12 m^2, der Abstellraum ca. 2–5 m^2 und die Toilette ca. 1–2 m^2 haben. Für einen (überdachten) Sitzplatz braucht man mindestens 5–6 m^2.

Es gilt auch hier, bestimmte Höchstgrenzen für die überbaute Fläche und den umbauten Raum zu beachten; sie sind örtlich unterschiedlich und bei den Gartenämtern und den Kleingartenvereinen zu erfahren.

Die Grundrißentwürfe sind in Zusammenhang mit der Konstruktionsweise zu sehen. Wählt man die Ausführung in Mauerwerksbau, so ist das bestimmende Maß Stein und Fuge (24 + 1 cm), wobei die Innenwände auch unabhängig davon angeordnet werden können.

Beim Holzständerbau ist bei der Anordnung der Ständer auf das Maß der Verkleidungsmaterialien zu achten (z. B. Gipskartonplatten, Spanplatten). Ebenso sind bei den Öffnungen für Fenster und Türen Normgrößen zu beachten, wenn nicht gebrauchte Bauteile verwendet werden sollen. Schöne alte Türen und Fenster können der Anlaß zu phantasievollen Gartenhäusern sein.

Die Dachform hat ebenfalls Einfluß auf die Grundrißgestalt; während sich bei einem allseits geneigten Dach eine zentrale Grundrißfigur (Quadrat, Sechseck, Kreis) anbietet, erfordert ein Satteldach einen gestreckten Baukörper mit einer eindeutig längeren und einer kürzeren Seite.

Im folgenden zeigen wir einige Möglichkeiten der Grundriß- und Laubengestaltung, nach Entwürfen von Architekt J. Lübbert, Hannover.

268–271 Einige Typen von Gartenhäusern.

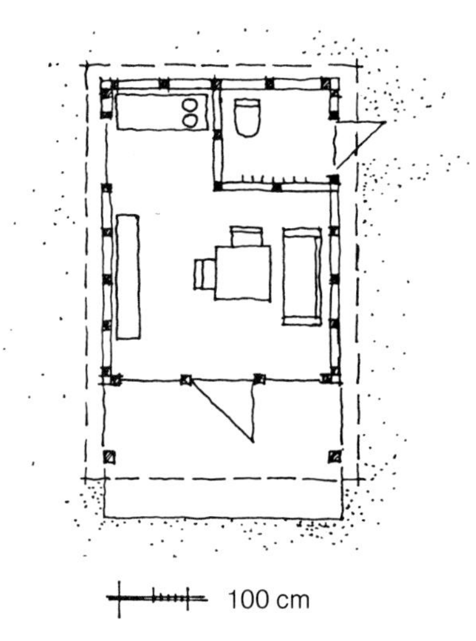

268 Typ I: Grundriß und Ansicht eines Gartenhauses in Holzständerbauweise, Größe ca. 16 m^2, Satteldach mit 30°-Neigung, senkrechte Holzverschalung, giebelseitig überdachte Terrasse (Größe ca. 4 m^2), gesonderter Toilettenraum, Nutzung des Dachbodens als Lagerraum möglich.

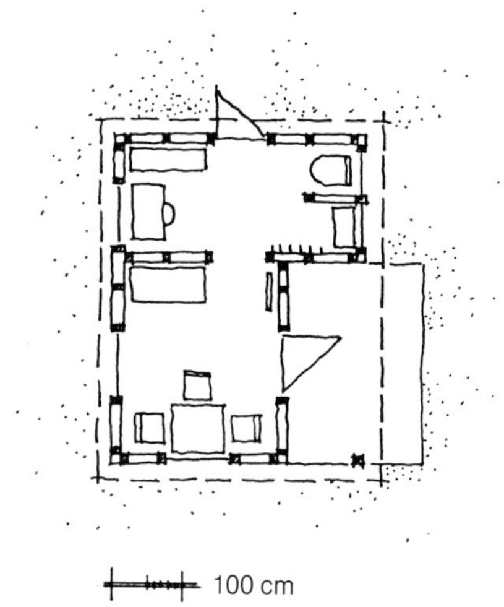

269 Typ II: Grundriß und Ansicht eines Gartenhauses in Holzständerbauweise, Größe ca. 15 m², Satteldach 45° mit nutzbarem Bodenraum, senkrechte und waagerechte Holzverschalung, überdachte und seitliche Terrasse (Größe ca. 3,50 m²), gesonderter Toiletten- und Abstellraum.

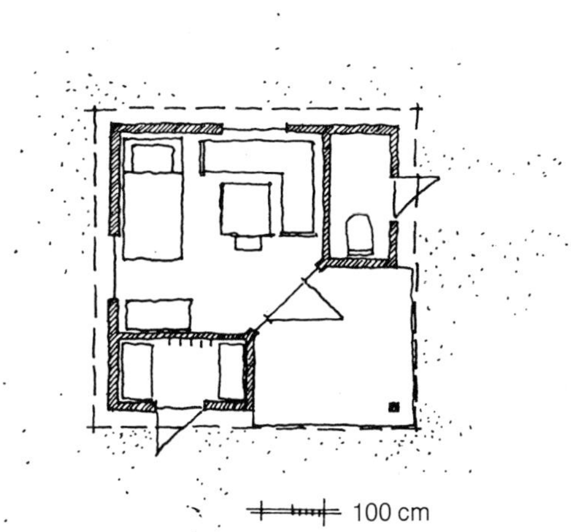

270 Typ III: Grundriß und Ansicht eines Gartenhauses (Pavillon) in Mauerwerksbau, Größe ca. 15,50 m², verputzt, Zeltdach 30°, überdachte Terrasse (Größe ca. 4,50 m²) in Ecklage, gesonderte Toiletten- und Abstellräume.

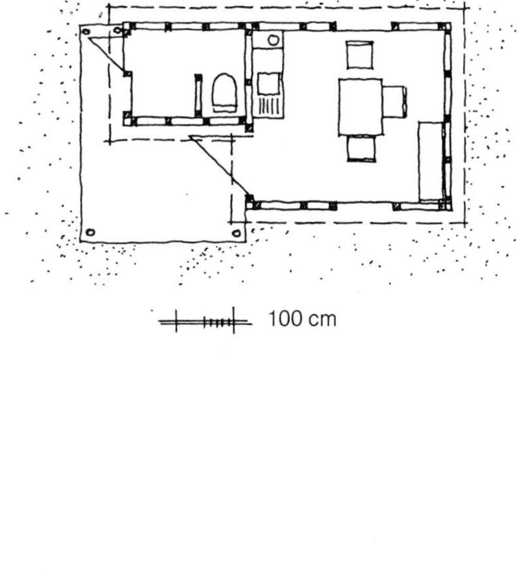

271 Typ IV: Grundriß und Ansicht eines Gartenhauses in Holzständerbauweise, Größe ca. 16 m², Satteldach 30°, Bodenraum als Lagerraum nutzbar; zwei gesonderte Baukörper, die nacheinander errichtet werden können. – Bei einem Neubau ist die Überlegung nicht uninteressant, ihn in Baustufen aufzuteilen. So kann man eine einfache Laube mit einem Allzweckraum nachträglich durch den Anbau eines Lagerraumes und einer Toilette erweitern. Oder man baut zunächst eine kleine Gartenhütte – eventuell mit einer schützenden Pergola – und errichtet erst später die eigentliche Laube.

Das Fundament

Das Fundament trägt das Gartenhaus. Eine einfache und sehr alte Bauweise besteht darin, die vier Ecken des Hauses mit großen Feldsteinen zu stützen. Das geht allerdings nur, wenn man eine stabile, in sich tragende Bodenkonstruktion wählt (z. B. aus miteinander verbundenen gebrauchten Eisenbahnschwellen) oder ganze Wandteile zusammensetzt, die ebenfalls in sich so stabil sind, daß sie keine Unterkonstruktion brauchen. Heute üblich ist entweder ein Plattenoder ein Streifenfundament. Für einzelne Stützen genügen Punktfundamente, die ähnlich hergestellt werden wie Streifenfundamente (mit einem Querschnitt von mind. 30 × 30 cm).

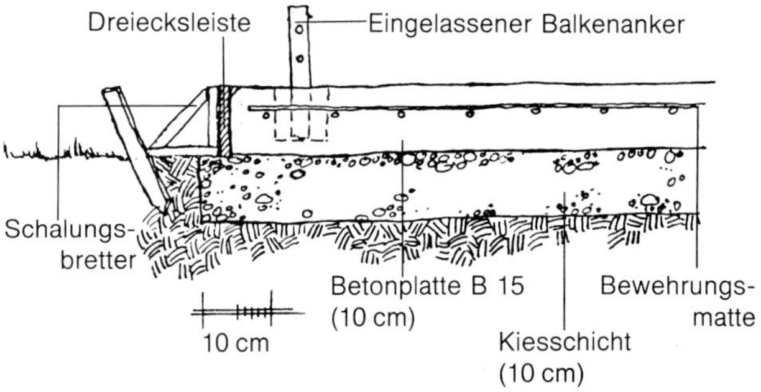

272–280 Die einzelnen Konstruktionselemente.
272 Detail Plattenfundament.

Arbeitsvorgang (Plattenfundament)

Der Mutterboden wird mindestens 10 cm abgetragen, an den Seiten mindestens 5 cm mehr, als das Maß der Platte erfordert. Die Grube wird mit Kies oder Schlacke aufgefüllt und verdichtet, die Schalung aus Rauhspundbrettern aufgestellt und abgestützt. Durch Annageln einer Dreiecksleiste wird eine Fase an der Außenkante der Platte erzeugt. Die Schalbretter werden innen mit Schalöl gestrichen; Beton B 15 (ca. 6 Teile Kies und Wasser, 1 Teil Zement – erdfeucht) wird eingebracht und festgestampft. Eine Bewehrungsmatte (Q 92) wird eingelegt, bevor das letzte Drittel des Betons eingefüllt wird. Die Oberfläche wird mit einem Brett glatt abgezogen. Für Balkenanker (zum Befestigen der Bodenbalken) werden im weichen Beton Aussparungen durch das Einsetzen von Hartschaumblöcken hergestellt, die nach dem Aushärten herausgebrochen werden. Die Größe der Aussparungen richtet sich nach den verwendeten Balkenankern. Diese werden später in den Aussparungen mit Beton befestigt. – Aus baubiologischen Gründen ist der Ersatz von zementgebundenem Beton durch Traßkalkbeton zu empfehlen.

Arbeitsvorgang (Streifenfundament)

Wie auch beim Plattenfundament wird der Mutterboden im Bereich des zu bauenden Hauses abgetragen (ca. 10 cm). Dann werden am Rande die Fundamentgräben ausgeschachtet (mindestens 80 cm tief wegen der Frostsicherheit). Beidseitig der Fundamentgräben wird eine Schalung aus Schalbrettern (sägerauh, 2,2 cm) aufgestellt; Oberkante 10 cm über dem anstehenden Terrain. An der äußeren Oberkante wird innen eine Dreiecksleiste angenagelt (wie schon beim Plattenfundament beschrieben), um eine saubere Abkantung zu erzeugen. Die Schalbretter werden mit Schalöl eingestrichen, Beton B 15 eingestampft, Aussparungen für Balkenanker hergestellt und die Oberfläche abgezogen. Bewehrungen sind für das Streifenfundament nicht erforderlich. Zwischen den Fundamenten wird der abgetragene Mutterboden durch eine Kiesschicht ersetzt. – Baubiologisch empfehlenswert ist die Herstellung aus Traßkalkbeton oder das Aufmauern auch der Fundamente mit Klinkerziegeln oder Hartbrandziegeln.

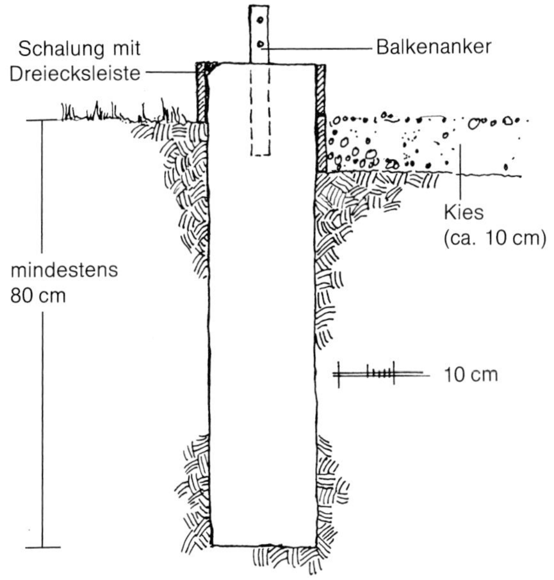

273 *Detail Streifenfundament.*

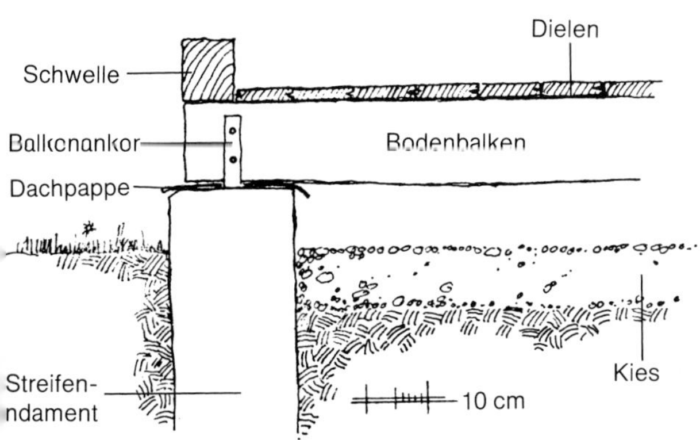

274 *Detail Fußboden.*

Der Fußboden

Aus der Vielzahl der möglichen Fußböden ist hier eine Lösung dargestellt.

Auf einem Streifenfundament sind Bodenbalken – auf Dachpappe als Feuchtigkeitssperre – aufgelegt und an den Balkenankern befestigt. Abstand der Balken je nach Konstruktion der Laube zwischen 60 und 80 cm. Auf ihnen wird die Schwelle der Holzständerkonstruktion und die Dielung aus Rauhspund (2,2 cm mit Nut und Feder) befestigt.

Wird die Wand in Mauerwerksbau hochgezogen, müssen die Bodenbalken auf jeder Seite um das Maß einer Steinbreite kürzer sein, damit sie in das Mauerwerk eingebunden werden können. Wünscht man eine Wärmedämmung, so kann man diese unterhalb der Dielung anbringen, indem an die Bodenbalken Dachlatten genagelt werden, die eine Fehlschalung aus – gebrauchten – Brettern oder Platten tragen. Zwischen dieser Fehlschalung und der Dielung liegt dann das Dämmaterial (mindestens 4 cm stark).

Für Fußböden auf einem Plattenfundament gibt es folgende Möglichkeiten: Ist der Beton gut, d. h. glatt und waagerecht abgezogen, so kann der Bodenbelag, z. B. Keramikfliesen, direkt aufgebracht werden.

Ansonsten trägt man eine 2–3 cm dicke Zementestrichschicht auf, die mit Richtscheit und Glättkelle abgezogen wird. Hierauf kommt dann der Belag wie Fliesen, Teppichboden, Dielen usw. Für Dielen benötigt man allerdings noch eine Unterkonstruktion aus Holz (z. B. Dachlatten).

Ist eine Wärmedämmung erwünscht, so wird diese (Kork, Mineralfaserplatte, Hartschaum, 2–4 cm stark) auf die Betonplatte aufgelegt und mit mindestens 4 cm Estrich abgedeckt.

Die Fußböden sollte man besser erst nach Abschluß der Rohbauarbeiten fertigstellen.

Die Wand

Für den Bau der Wände ist hier eine Möglichkeit im Bild dargestellt: der Holzständerbau.

Als Basis der Konstruktion dienen die Schwellenhölzer, die in der Länge der Giebel- und Traufseiten zurechtgeschnitten werden, zu einem Rahmen verbunden und auf den Bodenbalken oder dem Plattenfundament befestigt werden.

Sämtliche Holzverbindungen sind der Einfachheit halber nicht in zimmermannsmäßiger Ausführung, sondern mit Loch- und Winkelblechen, Nägeln, Bolzen usw. gedacht.

Auf der Schwelle werden die Ständer befestigt und vorläufig durch diagonal vernagelte Dachlatten ausgesteift. Den oberen Abschluß bildet das Rähmholz. Die lichte Raumhöhe sollte 2,20–2,30 m betragen (Raumhöhe = Ständer + Rähm + Schwelle – Fußboden).

Bei der Ausführung der Wände als Ziegel- oder Kalksandsteinmauerwerk ist zu beachten:

Zwischen Fundament und erster Steinlage, bei ca. 50 cm Mauerhöhe und zum Abschluß (vor Auflegen des Ringbalkens), wird jeweils eine Feuchtigkeitssperre aus Bitumenpappe eingelegt. Die Wände werden mit vorher angefeuchteten Steinen im Läuferverband (¼ Steinlänge Überbindung) mit Kalkzementmörtel gemauert (1 Teil Zement, 4 Teile Sand und Wasser, 0,2 Teile hydraulischer Kalk – oder baubiologisch zu empfehlen: Kalkmörtel).

Alle Lager- und Stoßfugen sind 1 cm stark; sie werden bei zu verputzendem Mauerwerk vollfugig, bei Sichtmauerwerk 1 cm zurückliegend ausgeführt und hierbei später sauber verfugt.

Mauerecken werden im Verband gemauert, beim Anschluß von Innenwänden bindet jede zweite Steinschicht ein. Tür- und Fensteröffnungen werden am einfachsten mit Fertigstürzen überbrückt.

Auf der obersten Steinlage liegt der Ringbalken (z. B. 10 × 10 cm). Er wird an den Ecken verbunden und mit der Mauer verdübelt.

Kalksandsteinwände als Sichtmauerwerk bekommen einen imprägnierenden Außenanstrich, Ziegelwände als Sichtmauerwerk werden entweder aus Vormauerziegeln oder aus normalen Voll- oder Lochsteinen mit einer Verblenderschicht gebaut.

Zum Verputzen kann man neben angebotenen Fertigputzen für innen (1,5 cm stark) Kalk-, Kalkgips- und Gipsmörtel verwenden (z. B. 1 Teil Kalk, 0,1–0,2 Teile Putzgips, 3 Teile Sand und Wasser).

Für den Außenputz (2 cm stark) kann man neben Fertigputzen mineralische Putze oder Kalkmörtel nehmen (1 Teil hydraulischer Kalk, 3 Teile Sand und Wasser). Auf die Verwendung von Zement sollte man aus baubiologischen Gründen weitgehend verzichten, da er stark Feuchtigkeit bindet und das Raumklima beeinträchtigt.

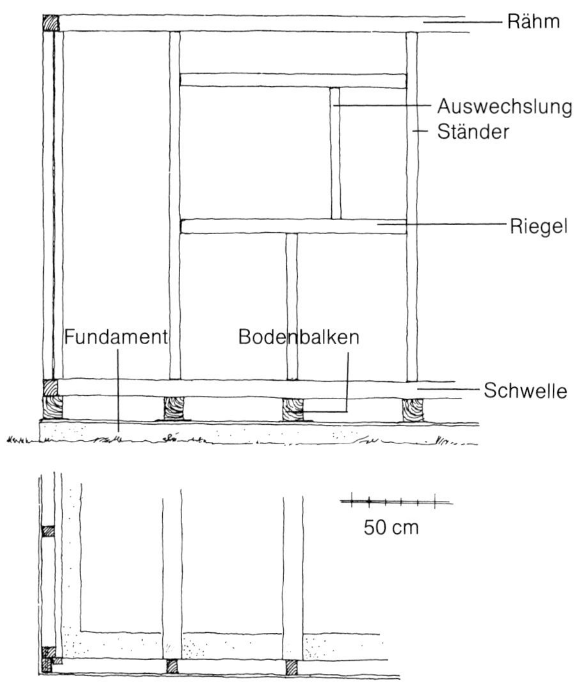

Wandverkleidung innen bei Holzbauweise
Die Innenverkleidung wird direkt auf die Ständer genagelt; z. B. waagerechte Verbretterung oder verschiedene Plattenmaterialien (Spanplatten, Sperrholzplatten, Gipskarton). Platten mit Nut und Feder werden vor dem Zusammenfügen verleimt.
Dämmstoffe werden zwischen die Ständer auf die Verkleidungsplatten geheftet (z. B. kaschierte Mineralwolle).
Bei senkrechter Verbretterung (mit Profil- oder Rauhspundbrettern) müssen vorher Dachlatten auf die Ständer als Unterkonstruktion aufgenagelt oder mit Winkelblechen zwischen den Ständern angebracht werden.
Die Fuge zwischen Wand und Boden wird mit einer Fußleiste abgedeckt.

Wandverkleidung außen bei Holzbauweise
Für eine senkrechte Verkleidung (vgl. Abb. 278) muß eine Unterkonstruktion aus Dachlatten auf oder zwischen den Ständern hergestellt werden. Man kann Profilbretter oder Rauhspundbretter mit Nut und Feder (10 cm breit) oder rauhe oder gehobelte Bretter (10–20 cm breit) verwenden. Auf die Fugen der letzteren können Deckleisten (ca. 2–3 cm oder auch breiter) als Abschluß genagelt werden. Je nach Maßverhältnissen ergibt diese Bauweise eine schöne Strukturierung der Wand.
Bei einer Stülpschalung aus rauhen Brettern (vgl. Abb. 277) werden die Bretter direkt auf die Ständer genagelt; die Länge der Bretter richtet sich nach den Abständen der Ständer. Breite 10–20 cm, Stärke 1,8–2 cm.

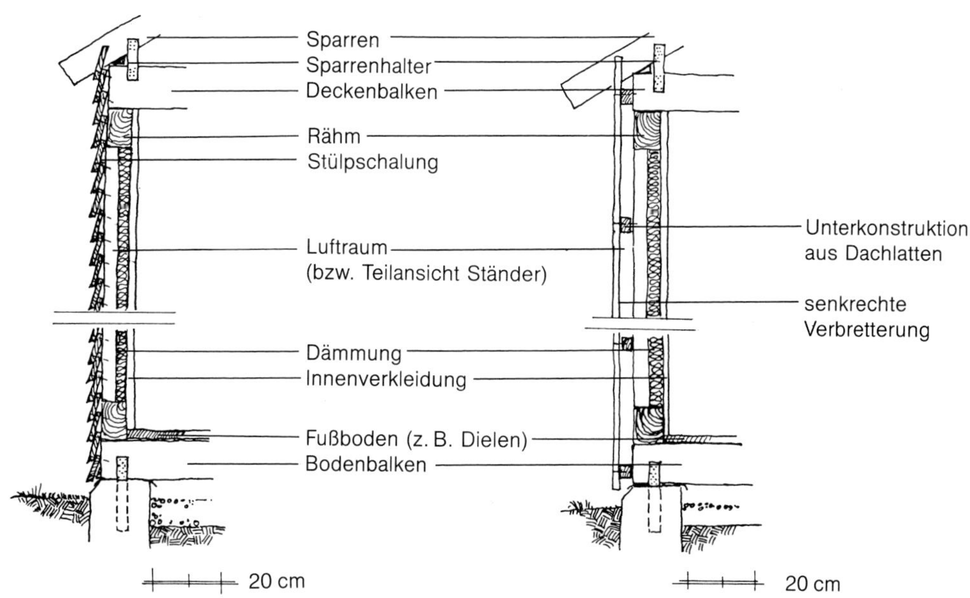

277 Detail Stülpschalung.

278 Detail senkrechte Verkleidung.

◁ *275 Detail Wand (Ansicht).*
◁ *276 Detail Wand (Horizontalschnitt der Eckverbindung).*

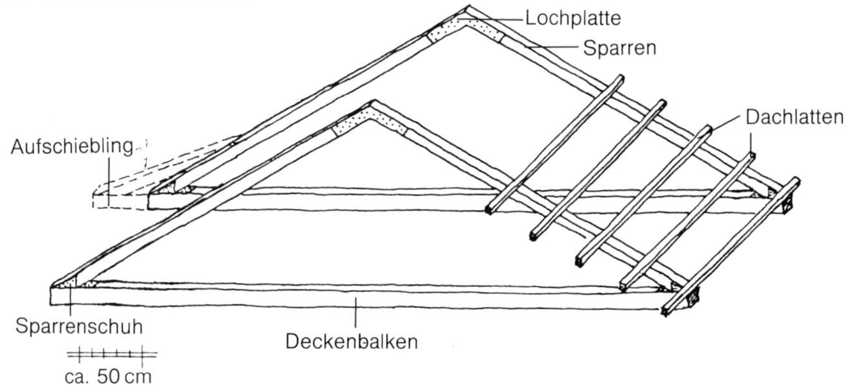

279 Detail Sparrendach.

Das Dach

Die beiden dargestellten Dachkonstruktionen ruhen auf dem Ringbalken bzw. dem Rähm und verteilen so die Last auf die Wände. Bei Wänden in Holzständerbauweise müssen die Sparren bzw. die Gebinde jeweils über den Ständern aufliegen.

Das Sparrendach (vgl. Abb. 279) besteht aus sogenannten Gebinden: ein Gebinde aus einem Deckenbalken und zwei Sparren.

Die Deckenbalken werden mit Zugabe für den Dachüberstand zugeschnitten, die Sparren entsprechend.

Sparren und Deckenbalken werden mit Sparrenhaltern oder -schuhen verbunden, die Sparren miteinander am First mit einer Lochplatte.

Zur Aussteifung werden die Sparren untereinander mit einer diagonalen Latte (Windrispe) verbunden; die Dachlatten oder die Verschalung wird quer auf die Sparren genagelt.

Soll der Giebel nicht gemauert, sondern verbrettert werden, so muß in das Giebelgebinde eine entsprechende Holzunterkonstruktion eingefügt werden.

An der Traufseite kann das Mauerwerk bis an die Oberkante der Deckenbalken gemauert werden; der Ringbalken fällt in diesem Fall fort. Allerdings müssen dann die Deckenbalken mit Dachpappe gegen aufsteigende Feuchtigkeit geschützt werden.

Eine andere Möglichkeit ist eine Verbretterung dieser Stelle von innen mit Rauhspundbrettern, die auf Dachlattenstücke genagelt werden, die man an den Seiten der Deckenbalken befestigt.

Den eigentlichen Laubenraum kann man vom Dachraum trennen, indem man die Deckenbalken von oben verbrettert oder mit Platten (Hart- oder Weichfaser- bzw. Dämmplatten) benagelt.

Tragende Elemente eines Pfettendaches (vgl. Abb. 280) sind die Firstpfette und die Fußpfetten. Im dargestellten Fall wird der Ringbalken als Fußpfette benutzt. Die Sparren liegen (nicht unbedingt paarweise) auf den Pfetten auf; die Deckenbalken sind nicht notwendigerweise Konstruktionsbestandteil und nur erforderlich, wenn eine Decke vorgesehen ist.

Die Firstpfette wird bei einer reinen Holzkonstruktion von einem »Stiel« gestützt, bei gemauertem Giebel liegt sie auf dem Mauerwerk auf.

Wird auf eine Decke verzichtet, kann man den Raum zwischen den Sparren mit Wärmedämmung versehen und verkleiden. Der Bereich zwischen Oberkante Mauerwerk und Unterkante Sparren kann mit der Innenwandverkleidung geschlossen werden. Wie beim Sparrendach auch werden auf den Sparren Dachlatten oder eine Verschalung angebracht.

Alle Verbindungen zwischen den Konstruktionshölzern werden mit Lochplatten bzw. Sparrenhaltern oder Sparrenpfettenankern hergestellt.

Der Bau besonderer Dachformen wie Zelt-, Walm- oder Mansarddächer erfordert mehr konstruktive und handwerkliche Fähigkeiten als die beschriebenen einfachen Dächer und wird daher wohl eher von Fachleuten durchgeführt.

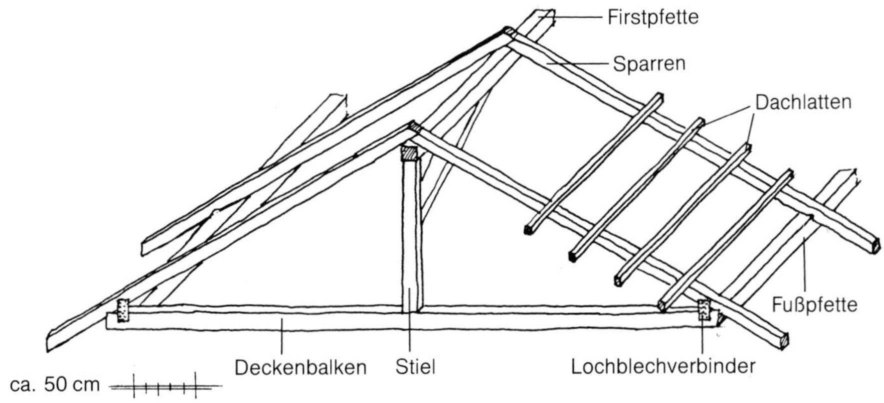

280 Detail Pfettendach.

Die Dachdeckung

Neben der Konstruktionsweise und dem Wandmaterial des Gartenhauses ist die Auswahl der richtigen Dachdeckung entscheidend für die Einfügung des Gebäudes in seine Umgebung. Während in reinen Kleingartensiedlungen durchaus unterschiedliche Materialien denkbar sind, sollte man sich in der Nähe von Wohngebäuden an deren Bauweise orientieren und das auch in Hinblick auf die Dachdeckung. Wohl am stärksten verbreitet sind die verschiedenen Formen von Hohlpfannen und Falzziegeln. Sie werden auf die Dachlatten aufgelegt, die an den Sparren befestigt sind. Zur Sicherung gegen Sturm werden sie zusätzlich verdrahtet oder verklammert; gegen Schnee und Schlagregen kann man sie auch mit Kalkmörtel verstreichen.

In weiten Gebieten der Mittelgebirge ist die Dekkung mit Steinplatten üblich; so z. B. roter Sandstein an der Weser oder Schiefer im Bergischen Land.

Schiefer wird auf eine durchgehende Schalung aus Rauhspund genagelt, pro Deckstein mit 2–4 Nägeln. Sowohl für den First als auch für die Fläche und die Traufe gibt es besonders geformte Steine, die der jeweiligen Funktion entsprechen. Sie bilden dann zusammen die First-, Deck- und Fußgebinde.

Die einfachste, gestalterisch aber fragwürdige Deckung geschieht mit Dachpappe (man sollte nur Bitumenpappe verwenden, da Teerpappe Phenole enthält, durch die in Verbindung mit Regenwasser giftige Karbolsäure entsteht).

Auch hier wird eine Bretterschalung belegt und zwar mit 2–3 Lagen einseitig besandeter 500er Bitumenpappe. Bei geringer Neigung des Daches (bis 30°) kann man die Dachpappe waagerecht verlegen, bei stärkerer Neigung senkrecht zur Traufe. Längsstöße brauchen eine Überdekkung von mindestens 6 cm, Querstöße von mindestens 12 cm.

Die unterste Lage wird auf die Schalung genagelt. Anstriche müssen auf Bitumenbasis hergestellt sein.

Neben den erwähnten Dachmaterialien gibt es regionale Formen wie Biberschwanzziegel und Holzschindeln, die sich gut für kleine Bauwerke wie Gartenhäuser eignen. Etwas besonders Schönes sind Abdeckungen aus Kupferblech, deren Herstellung jedoch einen Fachmann erfordert.

Die verschiedenen Dachmaterialien eignen sich für verschiedene Dachneigungen: Dachpappe ab 3°, Holzschindeln ab 15°, Schiefer ab 25°, Flachdachfalzziegel ab 20° und Hohlpfannen ab 40°.

Will man Dachrinnen und Regenfallrohre installieren, so kann man im Handel erhältliche Zinkrinnen verwenden oder sich Rinnen aus Brettern bauen, die stumpf rechtwinklig miteinander verschraubt und innen mit Bitumen verstrichen werden.

Traufgesimse können am einfachsten aus Rauhspund hergestellt und, je nach Bauart, auf die Stirnseite der Sparren oder unter die überstehenden Deckenbalken genagelt werden.

Die Dachkante am Giebel (Ortgang) wird (z. B. bei Ziegeldächern) mit besonders geformten Steinen abgeschlossen. Bei einfacher Bauweise ist auch eine sogenannte Ortgangblende denkbar, die aus zwei rechtwinklig miteinander verbundenen rauhen Brettern besteht und die Dachkante umschließt.

Türen und Fenster

Türen und Fenster haben neben ihrer rein funktionalen Bedeutung – wie Zugang und Belichtung – großen Einfluß auf die Erscheinung des Gartenhauses und seiner Innenräume. Sie sind wichtige gestalterische Elemente und wirken durch ihre Lage, Anordnung, Form, Größe, Gliederung und Material.

Alte, gebrauchte Türen und Fenster sind meist reicher und feiner gegliedert und passen daher besonders gut zu den eher kleinen Ausmaßen eines Gartenhauses. Man muß natürlich darauf achten, daß das Holz gut erhalten und nicht durch Naßfäule angegriffen ist.

Meistens wird man gebrauchte Bauteile überarbeiten müssen: alte Farbe entfernen oder anschleifen, neuer Anstrich oder Lasur, Fenster nachkitten. Alte Fenster sind einfach verglast und für ein Gartenhaus völlig ausreichend, während neue meist isolierverglast und dadurch teurer sind.

Beim Holzständerbau sollten Türen und Fenster in die Ständerkonstruktion eingepaßt werden; bei größeren Öffnungen müssen Ständer ausgewechselt werden.

Beim Mauerwerksbau sollten die Öffnungen noch von Fertigstürzen überbrückt werden können.

Sowohl bei Fenstern als auch bei Türen ist Holz der Vorzug zu geben. Es gibt zwar im Handel relativ preiswerte Stahltüren, sie wirken aber alles andere als einladend.

Zum Selbstbauen bieten sich zwei einfache Möglichkeiten an: Eine einfache Brettertür wird aus gehobelten, 2–3 cm starken Brettern, mit Nut und Feder oder stumpf mit Deckleiste, auf 3 cm starke Quer- und Strebebretter genagelt. Eine aufgedoppelte Tür wird aus zwei Lagen Brettern – eine Lage senkrecht und eine Lage waagerecht – direkt aufeinander oder auf einen Zwischenrahmen mit einer innenliegenden Dämmung genagelt, hergestellt.

Fensterläden können für ein Gartenhaus eine zusätzliche Zierde, Schutz vor Witterungseinflüssen und Einbruch sein. Sie sollten das Fenster an den Rändern leicht – mindestens 2 cm – überdecken und von innen verschließbar sein.

Ebenso wie Türen sind Fensterläden als einfache oder gespundete Bretterläden, aufgedoppelt oder auch mit Rahmen und Füllung herzustellen. Sie können einflügelig oder zweiflügelig sein (je nach Breite der Fensteröffnung); sie können aber auch nach oben – als Sonnenschutz – oder nach unten – als Tisch – klappbar sein.

Sonderformen

SCHIRME

281 Schirm auf der Bundesgartenschau in Berlin 1985.

282 Sitzgruppe unter einem Sonnenschirm auf der Internationalen Gartenbauausstellung, München 1983.

ZELTE

283 Gartenzelt der Zeltfabrik Stromeyer, Konstanz; ein Modell aus dem Jahre 1890 (Tageszeitung 12. 10. 1984). ▷

284 Zelt in einem Kleingarten.

285 Berliner Gartenszene mit Zelt.

EINGANGSLAUBEN

286 Eingangslaube an einem Landhaus in Schweden.

287 Eingangslaube an einem Landhaus bei Bamberg.

◁ 288 Ein sogenannter Altan in Rørvig, Dänemark, dicht berankt mit wildem Wein.

BADEHÄUSCHEN

289 Badepavillon aus Holz in einem Privatgarten in Ardington/Oxfordshire, Mittelengland.

GEWÄCHSHÄUSER

290/291 Gewächshäuser aus gebrauchten Fenstern können durchaus schöne Gartenbauwerke sein.

TIERHÄUSER

292 Ein Bienenhaus in Otterstedt bei Bremen.

293 Ein Schafstall bei der Wilstedter Mühle in Niedersachsen.

ANRÉGUNGEN

Gestaltungskriterien für den Neubau eines Gartenhauses

294 Entwurf von H. Huber 1907 für ein Sommerhaus mit Gartenhaus.

Die großen Parks und weitläufigen Gärten, wie z. B. in Abbildung 25 u. 152 sind selten geworden; besonders in städtischen Regionen sind die Flächen auch an freistehenden Wohnhäusern in den letzten Jahrzehnten in Abhängigkeit von den steigenden Baulandpreisen immer mehr zusammengeschrumpft. Ob der sich z. Zt. abzeichnende Preisverfall hier längerfristig Änderungen hervorbringt, bleibt abzuwarten. Wir müssen also von einer engen Benachbarung des Wohn- und des Gartenhauses ausgehen; die Antwort auf diese Situation kann nur lauten: Das Gartenhaus muß in seiner Gestaltung dem Wohnhaus entsprechen. Ihre Zusammengehörigkeit soll sich in Materialien, Formen und Farben ausdrücken.

Dabei soll aber das Gartenhaus nicht eine einfache Verkleinerung des Wohnhauses werden; auf diese Weise würden wohl nur Puppenstuben entstehen. Das Gartenhaus soll ein eigenständiger, bewußt gestalteter Bau sein, allerdings in erkennbarer Beziehung zum Haupthaus, vgl. Abb. 294, 295. Ist das Grundstück sehr klein oder die Beeinflussung durch Nachbarhäuser sehr intensiv, dann sollte man sich überlegen, ob ein gelungener Anbau, wie z. B. ein Wintergarten, eine überdachte Veranda oder ein Altan nicht einem freistehenden Gartengebäude vorzuziehen ist. Hierbei gilt in noch stärkerem Maße, den Stil des Hauses aufzunehmen und zu wahren.

Der gleichzeitige Bau eines Wohnhauses und eines Gartenhauses ist wohl eher eine Ausnahme. In diesem Fall bietet es sich an, die Planung und Ausführung der Bauaufgaben zusammenzufassen. Aber auch bei einem nachträglichen Bau, z. B. wenn ein altes Haus erworben oder geerbt wurde, oder wenn die finanzielle Flaute der Bauzeit überwunden ist, empfiehlt es sich, einen Fachmann zu Rate zu ziehen.

Erst die Auseinandersetzung zwischen dem interessierten Bauherrn und dem engagierten Architekten bietet eine Gewähr für eine angemessene Lösung. Werden dann noch fähige Handwerker hinzugezogen, die mit Holz und Stein umgehen können, kann man ein gutes Ergebnis erwarten.

295 Entwurf von W. Drinneberg und J. Koppe 1907 für ein Sommerhaus mit Gartenhaus.

Einige Bemerkungen in diesem Zusammenhang zu Fertigprodukten: Es gibt viele gute Beispiele, aber auch viel Nichtgelungenes und Häßliches. Fertig zu kaufende Gartenhäuser sind nicht auf individuelle Situationen zugeschnitten und daher nicht ohne weiteres in eine vorhandene bauliche Umgebung einzufügen. Durch nachträgliche Änderungen (z. B. farbigen Anstrich) gibt es auch hier »Spielräume«, die aber begrenzt sind. Leider hat sich ein Typ als übermächtig erwiesen: die Satteldachlaube mit alpinem oder skandinavischem Charakter. Die Berücksichtigung regionaler Bauformen und Baustoffe ist dabei weitgehend in Vergessenheit geraten.
Erst in jüngster Zeit scheint dieser Markt in Bewegung zu geraten und auch liebevoller gestaltete und unterschiedliche Produkte anzubieten.
Zum Schluß ein Beleg dafür, daß all dies kein neues Thema ist: »Man denke sich nun jene Scheusale von Schweizerminiaturhäuschen oder die Lattengestelle mit flachem Pappdach, ferner die traurigen Gebilde aus Wurzelhölzern daneben. Wie wenig Kultur steckt doch in diesen, und wie einfach und näherliegend wäre es doch hier, an die ehemaligen Kleinbauten wieder anzuknüpfen. Leider liegen gerade derartige Aufgaben meist in Händen wenig oder gar nicht vorgebildeter Schreiner oder Zimmerleute, und die Bauherren denken nicht daran oder scheuen die geringen Honorarkosten, um einen Architekten zu Rate zu ziehen.« Dies schreibt P. Klotzbach (1911, S. 216), im Zusammenhang mit der Darstellung des Gartenhauses in Denklingen, vgl. Abb. 206.

Auf den folgenden Seiten soll nun versucht werden, die soeben formulierten Gedanken anhand von Beispielen zu erläutern. Wir haben eine Auswahl von gängigen Hausformen getroffen und wollen einige Möglichkeiten andeuten, die sich anbieten, wenn diesen Häusern ein Gartengebäude zugeordnet werden soll. Die Skizzen sind nicht als Bauvorlage gedacht; auch zeigen sie nicht die einzig mögliche Lösung. Eher sollen sie die Gestaltungskriterien und das gedankliche Vorgehen bei der Planung verdeutlichen. Und sie sollen die Lust auf ein Gartenhaus wecken!

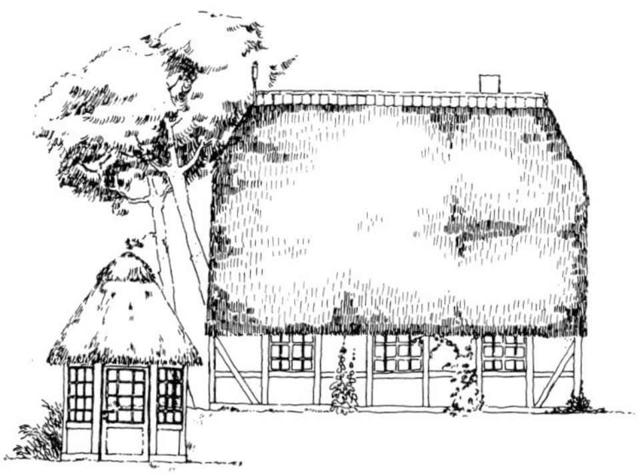

296 Das Haus: *Umgenutztes Bauernhaus, Fachwerk, Backstein, Reetdach, Norddeutschland (Geest), ca. 1850.* Das Gartenhaus: *Sechseckiger Pavillon; die Materialien des Hauses werden übernommen, in der Form besitzt er Eigenständigkeit. Die kleinteiligen Sprossenfenster (Vertikal-Schiebefenster) ermöglichen das dichte Abschließen und damit den Aufenthalt auch bei kühlem, regnerischen Wetter.*

297 Das Haus: *Umgenutztes Bauernhaus in Norddeutschland, ca. 1900, roter Backstein, braunrote Dachziegel, reichgegliederte Fassade mit großem, grün gestrichenen Holztor und Türen in der gleichen Farbe, weiß gestrichene Metallfenster.*
Das Gartenhaus: *Sechseckiger, historisierender Pavillon in gleicher Materialauswahl; die Sprossenfenster können auch aus Holz gearbeitet werden, sie sind ebenfalls weiß gestrichen. Dachneigung und Grundform weichen von denen des Wohnhauses ab. Der Pavillon ist auch bei ungünstigem Wetter benutzbar.*

298 Zum gleichen Haus noch eine zweite Gartenhausidee: *Runder, offener Metallpavillon, der die Figur der Fenster nachzeichnet, sehr transparent und luftig ist und von Kletterrosen und Clematis überwuchert wird (z. B. »Gerbe Rose« und Clematis »Elsa Spät«).*

299 Das Haus: *Mansarddach mit roten Ziegeln, weißer Putz, blaue Fensterrahmen, ca. 1910–1920.*
Das Gartenhaus: *Es ist mehr eine überdachte Gartenbank – sie ist blau gestrichen wie die Fenster. Das Walmdach erscheint als vereinfachte Variante des Hausdaches, die Wände sind ebenfalls weiß verputzt. Mit der geschlossenen Rückseite lehnt es sich an ein Gebüsch oder die Grundstücksgrenze an, während sich der Ausblick dem Garten zuwendet. Die Seiten sollten offen und zum Beranken mit einem leichten, quadratischen Holzgitter versehen sein.*

300 Auch zu diesem Haus ein zweites Gartenhaus: *Ein rundes, geschlossenes »Türmchen«, das den Formen und Farben des Hauses sehr stark folgt. Es ist auch für schlechtes Wetter geeignet. Nach Möglichkeit sollte es einen erhöhten Platz mit guter Rundumsicht, eventuell auch einen Platz an einer Grundstücksecke bekommen.*

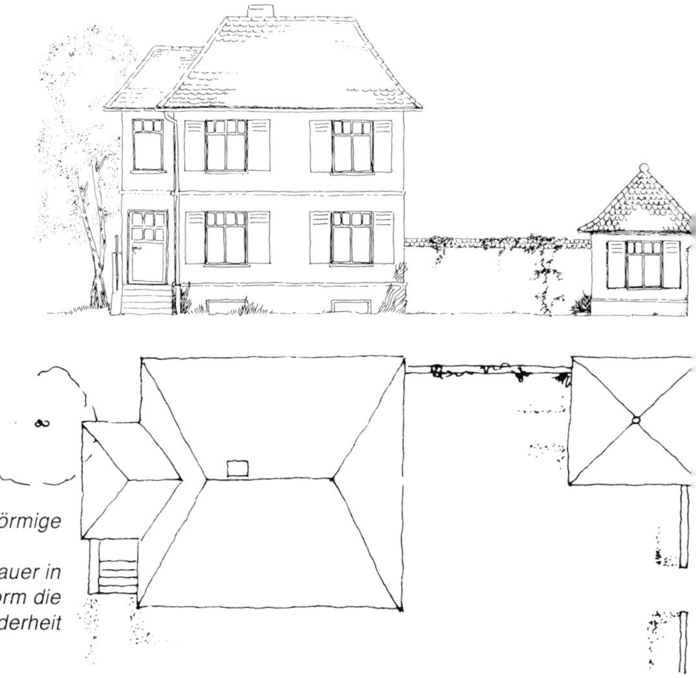

301 Das Haus: *Ein Putzbau der 30er Jahre, würfelförmige Figur mit einem Walmdach – eine »Kaffeemühle«.*
Das Gartenhaus: *Es ist in diesem Fall in die Gartenmauer in Ecklage einbezogen. Es wiederholt in verkleinerter Form die Elemente des Wohnhauses, betont aber seine Besonderheit durch ein Zeltdach.*

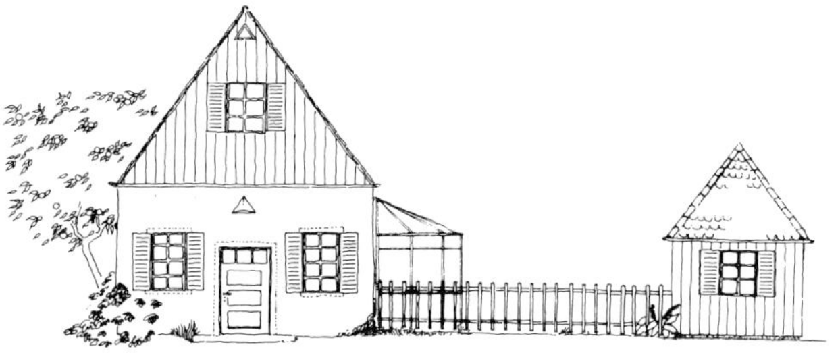

302 Das Haus: *Ein schlichtes Siedlungshaus der Zeit um 1910, weiß verputzt, holzverschalter Giebel.*
Das Gartenhaus: *Es ist durch einen ländlich-einfachen Lattenzaun mit dem Haus verbunden. Die Verbretterung des Giebels tritt als Außenhülle wieder auf, ebenso die Fenster, die Fensterläden und die Dachdeckung. In diesem Fall kann man sich neben dem dargestellten Zeltdach auch ein Walm- oder ein Satteldach vorstellen – bei entsprechend rechteckigem Grundriß. Das ziemlich kleine Wohnhaus gewinnt durch den Anbau eines Glashauses oder Wintergartens an Fläche und Reiz.*

303 Das Haus: *Satteldach mit roten Dachpfannen; vorspringende, offene Eingangsveranda unter einem Zwerchgiebel, roter Backstein, grüne Sprossenfenster; ca. 1920–1930.*
Das Gartenhaus: *Es wiederholt dreifach das zentrale Giebelmotiv in Form und Material; dabei sind die seitlichen Öffnungen mit einem unverglasten, grünen Holzgitter versehen, die mittlere bleibt frei. Die Form legt eine »gerichtete« Plazierung wie bei dem Gartenhaus in Abb. 299 nahe.*

304 Das Haus: *Ein Siedlungshaus der 50er Jahre, roter Backstein, rote Dachziegel, asymmetrische Fensterverteilung.*
Das Gartenhaus: *Es ist ein leichter, achteckiger Holzpavillon mit Spaliergitterwerk, einem flachen Dach mit Holzschindeln, Holzdielenboden; mit Rosen berankt – vielleicht auch mit Geißblatt. Das Spalier an der Hauswand stellt eine Verbindung zwischen beiden Bauwerken her und bringt mehr Gleichgewicht in die Fassade.*

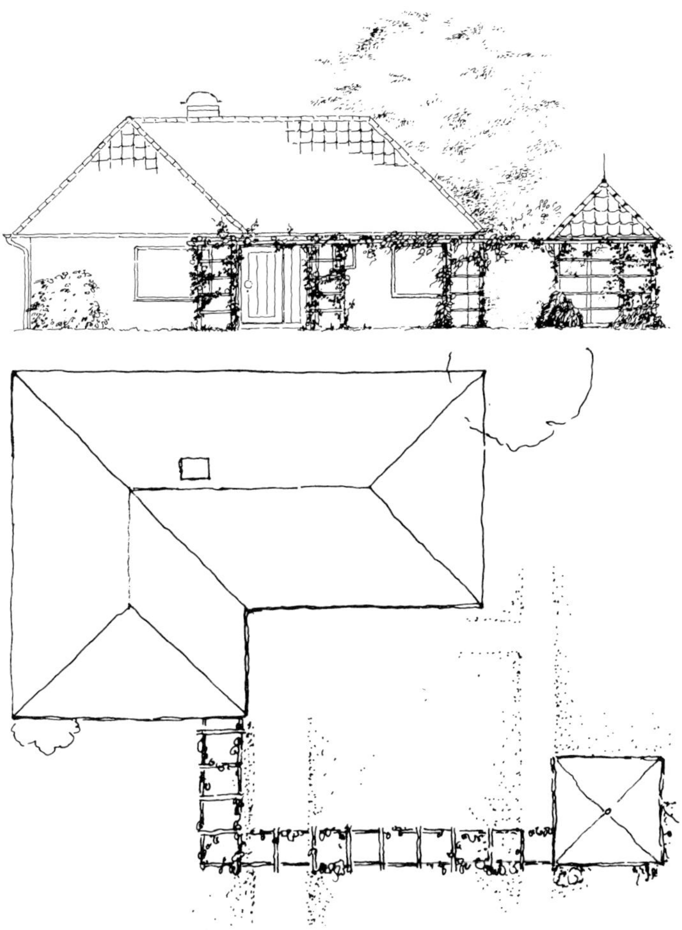

305 Das Haus: *Walmdach-Winkel-Haus aus den 60er Jahren. Weiße Klinker, anthrazitfarbene Dachziegel, große, ungegliederte Fenster, asymmetrische Wandaufteilungen.*
Das Gartenhaus: *Es ist eine allseits offene, berankte Laube mit einem Zeltdach, in der Dachneigung und -deckung dem Hause gleich. Es bildet eine Einheit mit einer Pergola, die den Vorgarten rahmt und hier einen eigenen Raum erschafft, den man auf dem Weg zur Eingangstür durchquert. Die sehr »sterilen« Materialien des Hauses verlangen nach Belebung durch Holz und Pflanzen.*

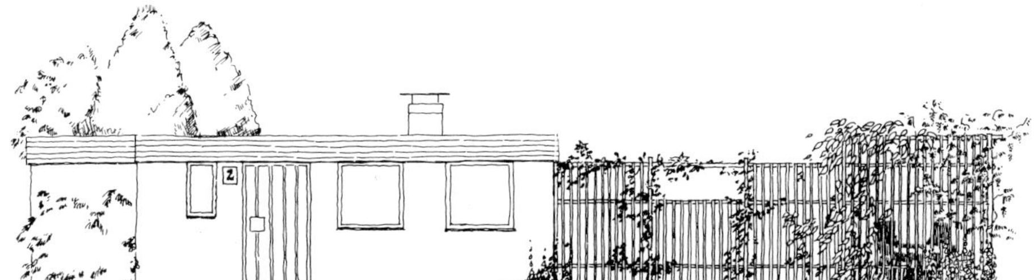

306 Das Haus: *Flachdachbungalow der 60er Jahre, weißer Kalksandstein, schwarze Holzverblendung. Von diesem Haus gehen wenig gestalterische Impulse aus.*
Das Gartenhaus: *Es ist eine leichte Laube ohne festes Dach, die sich aus dem Holzzaun entwickelt. Die eher dünnen, mit Abstand genagelten Latten werden von kräftigen Rankpflanzen überwuchert – z. B. Knöterich, Hopfen, Bergwaldrebe, Efeu –, die auch den nötigen Schutz nach oben geben.*

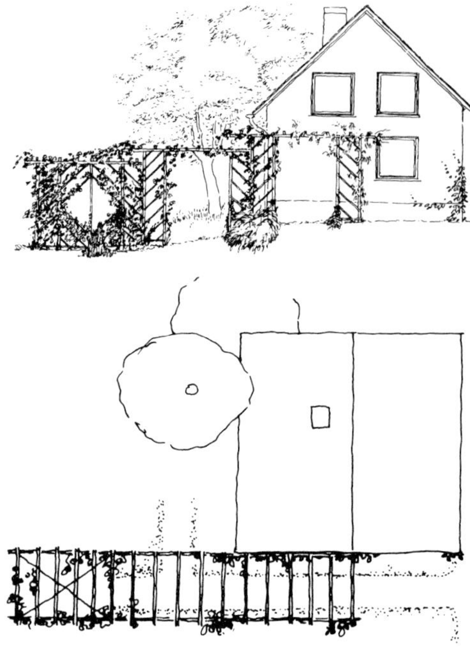

307 Das Haus: *Satteldach mit Betonpfannen, rotbraune Klinker, große ungegliederte Fenster, ca. 1975–1980.*
Das Gartenhaus: *Es ist in diesem Fall eine Pergolalaube am Ende eines berankten Ganges, der vor dem Hausgiebel beginnt und dessen reizlose Flächigkeit beleben soll. Die Pergola – dunkles Kantholz mit Doppelstützen und schräg aufgenagelten Ranklatten – paßt sich dem Geländeverlauf an. Die Laube soll stark überwuchert werden – z. B. mit Kletterrose »Gruß an Zabern« und Efeu. Als Ausblick bleibt ein »Fenster« frei.*

308 Das Haus: *Ein Beispiel für die Wiederbelebung regionaler Bautradition; Neubau der 80er Jahre in Norddeutschland, rote Backsteine und Dachpfannen, natur lasierte Holzfenster.*
Das Gartenhaus: *Das Zeltdach ruht auf Säulen aus rotem Backstein, drei Seiten sind mit Holzgittern zum Beranken ausgestattet. Es sollte sich an einen Hintergrund von Bäumen oder Büschen anlehnen.*

309 Auch zu diesem Haus gibt es eine zweite Möglichkeit: *Ein Kamin- und Grillhäuschen mit einem Satteldach, das auf einer gemauerten Rückwand und zwei Holzstützen aufliegt. Die eindeutige Richtung des Dachs und die Hauptwindrichtung bestimmen – wegen des Rauchs – mit die Lage auf dem Grundstück.*

Zur Pflege und Erhaltung von Gartenhäusern

Die Freude über ein altes Gartenhaus, das samt Haus und Garten ererbt oder erworben wird, ist meistens nicht völlig ungetrübt. Je nach Bauweise und Erhaltungszustand erfordert es Pflege, Bemühungen und Kosten.
Manches schöne alte Gartenhaus geht an den mangelnden Möglichkeiten oder dem fehlenden Willen der Besitzer, Geld und Arbeit aufzuwenden, zugrunde. Besonders sind solche Gebäude gefährdet, an deren Nutzung kein Interesse mehr besteht.
Als Wichtigstes: Stehenlassen ist immer besser als Abreißen! Auch wenn keine Möglichkeit besteht, ein Gartenhaus zu renovieren, sollte es nicht leichtfertig abgerissen werden, denn dieser Schritt ist nicht rückgängig zu machen. Man kann versuchen, das Gebäude gegen weiteren Verfall so gut es geht zu schützen, bis sich die finanziellen Möglichkeiten zur Renovierung vielleicht doch noch finden.
Dazu gehört z. B., das Eindringen von Nässe durchs Dach und defekte Fenster zu verhindern, undichte Dachrinnen zu reparieren, und Sturmschäden durch Schließen von Angriffspunkten – fehlende Dachziegel, Fenster und Türen – vorzubeugen.
Bei älteren, offensichtlich wertvollen Gebäuden ist ein Weg zur Rettung, sich mit dem zuständigen Amt für Denkmalpflege in Verbindung zu setzen, um dort fachlichen Rat und Mittel zu bekommen. Auch Heimat- und Kulturvereine kommen als Ansprechpartner in Frage.
Es besteht z. B. die Möglichkeit, daß die Kommune das Gebäude kauft oder übernimmt und dann für die Instandsetzung und -haltung sorgt (Beispiel Ettenheim, vgl. Abb. 30), oder daß es an anderer Stelle wieder aufgebaut wird (Beispiel Radevormwald, vgl. Abb. 313). Ein ähnlicher Weg wurde auch bei einem Gartenhaus in Remscheid-Lennep beschritten: Es wurde dem Landeskonservator geschenkt und steht jetzt im Freilichtmuseum Kommern (Eifel), vgl. Abb. 153, 154. Für jemanden, der sein Gartenhaus selbst nutzen will, ist das natürlich keine Lösung.
Ist nun aber der Entschluß da, ein Gartenhaus instandzusetzen, sollten auf jeden Fall Fachleute – Architekt und Handwerker – zu Rate gezogen werden; und zwar solche, die auch einem kleinen Auftrag mit dem nötigen Engagement begegnen. In den letzten Jahren haben sich viele Architekten der Instandsetzung und Modernisierung älterer Bausubstanz zugewandt. Es dürfte nicht schwierig sein, hier jemand Geeigneten zu finden und mit ihm auch die richtigen Handwerker.
Auch wenn geschickte Bauherrn die handwerklichen Arbeiten selbst durchführen wollen, ist eine umfassende Diskussion der Probleme mit einem Fachmann anzuraten.
Zum Schluß möchten wir noch ein Plädoyer für alle die Gartenhäuser halten, die nicht in die noble Kategorie der Baudenkmale aufgestiegen sind. Auch sie sind wert, erhalten zu werden als Zeugnisse menschlicher Phantasie und handwerklicher Bemühung um eine – wenn auch kleine – Bauaufgabe. Standardisierte Glätte und Monotonie gibt es schon genug.

310/311 Bei diesem Gartenhaus in Eltville ist es leider schon fast zu spät, um mit Pflege- und Unterhaltungsmaßnahmen zu beginnen.

312 Ein malerisch bewachsenes Gartenhaus, das allerdings ein gewisses Maß an Pflege verlangt.

Das Gartenhäuschen in Radevormwald.

Du biſt uns ein Bild, wie die Väter dereinſt
Ihr Heim ſich behaglich geſtaltet,
Darinnen ein künſtleriſch guter Geſchmack
Mit vornehmer Schlichtheit gewaltet.
Hier luſtige Schnörkel, dort ſtrenge Komtur,
Doch alles von Herzen empfunden,
So warſt du, erhaben ob prunkendem Schein,
Die Stätte vertrauteſter Stunden.

313 Verschiefertes Rokoko-Gartenhäuschen aus dem Jahre 1772 in Radevormwald.

In einem Heimatbuch, das sich in Privatbesitz von K. Bültmann aus Radevormwald befindet, wird dieses Gartenhaus folgendermaßen beschrieben:
»Ein Gartenhäuschen ist es zwar nur, aber dennoch hat es seine besonderen Reize, und hat ein gutes Stück Geschichte von Radevormwald miterlebt, ist es doch der einzige Zeuge aus der guten alten Zeit. Wahrscheinlich ist es um das Jahr 1772 gebaut worden, und da es außerhalb der Stadtmauer stand, ist es bei dem Brande im Jahre 1802 verschont geblieben. Zwischen der Gartenstraße und dem Bahngleise steht dieses herrliche, im Rokokostil errichtete Bauwerk. Nicht nur das vornehme Aeußere zwingt uns Bewunderung ab, sondern man ist erstaunt über die künstlerisch vollendete Stuckarbeit im Inneren. Leider mußte die kunstvolle Decke durch eine neue ersetzt werden. Von außen ist das Häuschen ganz mit Schiefer bekleidet. Der Schiefer ist typisch für das Bergische Land... Die in Holz gearbeiteten Rahmen der Fenster und der Tür, die Kartuschen, die Giebelfelder, kurzum alles das, was an Zierformen in Betracht kommt, ist in einem blendenden Weiß gestrichen, während die Ladenflügel der Fenster eine passende hellgrüne Farbe erhalten haben...
Denken wir uns nun einmal zurück in die Zeit, in der das Gartenhäuschen erbaut wurde, so können wir wohl annehmen, daß das Gewerbe der Einwohner im letzten Viertel des 18. Jahrhunderts blühte... Von den Fürstenhöfen hatte man von Gartenhäusern gehört, wie man an schönen, warmen Sommerabenden hier saß und plauderte und musizierte, oder man zuweilen auch ein kleines Fest abhielt... Wurde man dann von einem Regen überrascht, so schloß man die Fenster, zog die Läden zu und war dann geborgen, mochte es draußen regnen und stürmen, das störte dann weiter nicht.«
In einer Dissertation über Gartenhäuser wird das gleiche Häuschen folgendermaßen beschrieben:

314/315 Die Haube des Gartenhauses von Abb. 313 liegt in einer Grünanlage, bereit, wieder aufgesetzt zu werden. Die Aufbauarbeiten sollten 1985 abgeschlossen sein.

315 Detail der Haube.

»Der zehnseitige, um ein Sockelgeschoß erhöhte Gartenpavillon in RADEVORMWALD, Kreis Mettmann, von 1772... Ein gerader Treppenlauf geht aus dem hochgelegenen Raum in den Garten hinunter. Fünf Seiten schieben sich alternierend risalitartig vor. Die dazwischenliegenden Seiten spannen sich – dem runden Innenraum entsprechend – in Segmentbögen. Eingang und Fenster öffnen die artikulierten Seiten in voller Breite. Sie schließen stichbogig, zeigen geschwungene, profilierte Holzrahmen und sind mit Läden ausgestattet. Ein Gesims umzieht den Bau und faltet sich um die Vorsprünge. Darüber steigt das steile, leicht konvex geschweifte Zeltdach an, das im oberen Drittel bricht, dann einschwingend spitz zuläuft und schließlich in einem Knauf endet. Kein Dachfenster, sondern ein durchfensterter Giebel mit gebrochenem Kontur wächst in der Eingangsseite aus dem Unterbau hervor. Er folgt in der unteren Hälfte der Umrißlinie der Haube, schließt aber in einer gegenläufigen Kurve. Ein Knauf bildet auch hier den Abschluß... Das einfache geknickte Rundum ist hier zerlegt. Der gleichmäßige Rhythmus von geschlossener breiter und geöffneter schmaler Wand... wird in den Vorsprüngen eindringlicher gestaltet.
Das Gerade ist gegen das Gekurvte gesetzt, wie das Ein- mit dem Ausschwingenden in kapriziöser Linienführung korrespondiert. Jeder Teil erwächst aus dem anderen. Das Dachfenster entwickelt sich aus dem unteren Bau und paßt sich mit seiner Umrißlinie dem Dach an. Eine durchgehende lastende Horizontale ist vermieden. Nicht nur die Fläche ist in den Wellenlinien der Fenster- und Türrahmen belebt, sondern Bewegung betrifft hier die gesamte Bauschale.« (Markowitz 1955, S. 122, 123)

ANHANG

Literatur

Andreas, Peter, Piepenbrock, Werner Gartenlauben, Aarau 1984

Balzer, Georg Goethe als Gartenfreund, München 1978

Bambach, Gerhard Der Garten, Niedernhausen/Taunus, 1977

Baumann, Rudi Begrünte Architektur. Bauen und Gestalten mit Kletterpflanzen, München 1984

Bauwelt, Sonderheft 16 Rund ums Haus, Kleinarbeiten in Garten, Hof und Haus, Berlin, ca. 1936

Beuchert, Marianne Die Gärten Chinas, Köln, 1983

Bredt, F. W. Bergische Gartenbauten, in: Mitteilungen des Rheinischen Vereins für Denkmalpflege und Heimatschutz, 8. Jahrgang, Heft 1, 1914

Bredt, F. W. Das Bergische Bürgerhaus, in: Mitteilungen des Rheinischen Vereins für Denkmalpflege und Heimatschutz, 1. Jahrgang, 1907

Brookes, John Der schönste Garten, München, 1979

Coats, Peter Berühmte Gärten, Frankfurt am Main, 1963

Encke, Fritz Der Hausgarten, Jena, 1907

Fischbacher/Dröge Gartenhöfe, München, 1966

Gassner, E. Der soziologische Wandel im Kleingartenwesen in Deutschland, soziologische und städtebauliche Tendenzen, in: Bundesverband Deutscher Gartenfreunde e. V. (Hrsg.) Broschüre zur Informationsveranstaltung Hamburg, 1982

Gothein, Marie Luise Geschichte der Gartenkunst, Jena, 1914, 2 Bände

Hähnel, Joachim Rheinisches Freilichtmuseum Kommern, Museumsführer, Köln, 1983

Hauser, Albert Bauerngärten der Schweiz, Zürich u. München, 1976

Hemgard, Gretel unveröff. Manuskript, 1984

Hennebo, Dieter, Hoffmann, Alfred Geschichte der deutschen Gartenkunst, Hamburg 1962, 2 Bände

Johnson, Hugh Das große Buch der Gartenkunst, Bern, 1980

Kleffner, Walter Das Gartenhaus, in: Niedersächsische Baupflege, Heft 16, Hannover, 1942

Klotzbach, Peter Oberbergische Städte- und Dorfbilder, in: Mitteilungen des Rheinischen Vereins für Denkmalpflege und Heimatschutz, 5. Jahrgang, Heft 3, 1911

Kohlmaier, G., Sartory, B. v. Das Glashaus – ein Bautypus des 19. Jahrhunderts, München, 1981

Krause, Carl Das Zeichnen des Architekten, Berlin, 1981

Krauth, Theodor, Meyer, Franz S. (Hrsg.) Die Bau- und Kunstzimmerei, Leipzig, 1895 (Neuausgabe 1981)

Krosigk, Klaus von Schinkel als Gartenkünstler, in: Das Gartenamt, Heft 6, Hannover u. Berlin, 1982

Lambert, André, Stahl, Eduard Die Gartenarchitektur, in: Handbuch der Architektur, 10. Halbband, Leipzig, 1910

Markowitz, Irene Zur Formengeschichte des Gartenhauses in Deutschland, Dissertation, Köln, 1955

Mebes, Paul Um 1800, München 1908, Band II

Minke, Gernot, Witter, Gottfried Häuser mit grünem Pelz, Frankfurt/Main, 1982

Nestle, Hans (Hrsg.) Fachkunde für Bauberufe, Wuppertal, 1978

Piepenbrock, Werner Gartenhäuser, in: Garten und Landschaft, Heft 10, 1983

Seifert, Alwin Vom Gartenzaun zur Gartenlaube, Frankfurt/Oder, 1931

Der Senator für Stadtentwicklung und Umweltschutz Berlin (Hrsg.) Gartendenkmalpflege – Der Landschaftsgarten von Klein-Glienicke, Heft 1, Berlin, 1984

Der Senator für Arbeit und Soziales, Berlin (Hrsg.) Wissenswertes über Berlin, Berlin, 1979

Weber, Arnulf Der Kleinsiedler – Sein eigener Baumeister und Handwerker, Berlin, 1920

Weddige, Rüdiger u. a. Die Gartenlaube – selbstgebaut, Ein Handbuch des Garten-, Friedhofs- und Forstamtes der Landeshauptstadt Düsseldorf, Düsseldorf, 1982

Weissenfeld, Peter Holzschutz ohne Gift?, Grebenstein, 1983

Wiese, Konrad Gartenkunst und Landschaftsgestaltung in Japan, Tübingen, 1982

Die Woche Sonderheft zum Wettbewerb »Sommer- und Ferienhäuser«, Neue Folge, Berlin, 1907

Die Woche Sonderheft zum Wettbewerb »Hausgärten«, Berlin, 1908

Begriffserklärungen

Altan Ein balkonartiger Anbau am Haus, der vom Erdboden aus gestützt wird und häufig in Verbindung mit Veranden steht.

Belvedere Bezeichnet Aussichtspunkte, die einen schönen Blick bieten. Sie sind architektonisch gestaltet als Gartentempel oder Pavillon im Park oder z. B. auf dem Dach eines Wohngebäudes.

Boskett Zu Gängen und Säulen architektonisch beschnittene Busch- und Baumgruppen, die vor allem in Barockgärten Verbreitung fanden.

Cella Geschlossener Innenraum im antiken Tempel.

Chinoiserie Im 18. Jh. wurde der chinesische Stil z. B. in Form von Tempelnachbildungen in die Gärten Europas, besonders in englische und französische, später auch in deutsche Gartenanlagen übertragen.

Eremitage Auch Einsiedelei; bewußt in die Abgeschiedenheit zum Hauptgebäude erbautes Haus, sich ländlich gebende kleine Hütte, oder Schloß in den Gartenanlagen des 18. Jh.s.

Gloriette Pavillon oder Tempel in einem Park auf einer Anhöhe als Blickpunkt einer Landschaftsachse erbaut.

Grotte Künstliche Höhle, verbreiteter Bestandteil der Gartenbaukunst der Renaissance und des Barock.

Gazebo Englische Bezeichnung für kleinen, offenen Gartenpavillon, der einen guten Ausblick bietet. Herkunft der Bezeichnung von »to gaze at« a. d. Englischen.

Glashaus Im Unterschied zu Anzuchtshäusern wurden im Landschaftsgarten der Gründerzeit oft aufwendige Schau- und Glashäuser errichtet. So entstanden geschlossene, überdachte Gärten mit üppiger Vegetation.

Kiosk Persisch-türkische Bezeichnung für orientalisches, freistehendes Gartenhäuschen und erkerartigen Vorbau vor oberen Räumen in Palästen.

Klause Weltabgeschiedene Behausung, Einsiedelei als kleiner Raum.

Laube Heute Bezeichnung für »Gartenhäuschen«. Abgeleitet von dem Wort »Laub«. Aus Laub wurden ursprünglich ein Schutzdach oder eine Schutzhütte errichtet. Als Laube wird heute auch ein seitlich offener, aus Gerüst zur Berankung gebauter Sitzplatz bezeichnet. Architektonisch: gewölbter Bogengang (auch Arkade) in alten Städten.

Monopteros Kleiner antiker Rundtempel ohne geschlossenen Innenraum (Cella); als Gartentempel im Barock und Klassizismus.

Pagode In Ostasien entwickelter Tempelbau in Form eines quadratischen oder polygonalen Turms mit mehreren Stockwerken, die jeweils ein eigenes Vordach besitzen. Die Pagode fand im 18. und frühen 19. Jh. als Chinoiserie in der europäischen Gartenkunst verbreitet Nachahmungen.

Pavillon Viereckiges, mehreckiges oder rundes Zelt oder Gebäude, offen und freistehend, auch als Gartenhaus.

Pergola Laube über einem Gartenweg, aus Stützen für eine Art Dachkonstruktion gefertigt, die es Kletter- u. Schlingpflanzen ermöglichen, an ihnen emporzuranken. Quer- und Längshölzer werden von einer Doppelreihe Pfosten getragen. Als Schattenspender weit verbreitet.

Rotunde Einräumiger Rundbau, auch innerhalb eines Gebäudes.

Spalier Gerüst- oder Gitterwand aus Holz, Eisen oder Draht, an der Pflanzen gezogen werden.

Stibadium Offene, auf Säulen ruhende Laube, als Ruheplatz mit Bänken und Marmorbecken (als Springbrunnen) ausgestattet.

Treillage Gitterwerk, meist aus Holz, das kunstvolle architektonische Formen vortäuschen soll und als Kletterhilfe für Pflanzen und zur Abschirmung dient. In französischen Barockgärten verbreitet.

Wintergarten An das Wohnhaus angebauter, von Glaswänden umschlossener Raum, der als Aufenthaltsraum oder zum Aufstellen von Zierpflanzen dient.

Bezugsquellennachweis

Bei der Auswahl von Pflanzen zum Begrünen von Pergolen, Lauben etc. und geeigneten schattenspendenden Bäumen empfiehlt es sich, Fachliteratur zu Rate zu ziehen und sich in Baumschulen zu informieren.
Kontaktadresse:
Bund Deutscher Baumschulen (BdB) e. V.
Bismarckstr. 49
2080 Pinneberg

Biologischer Holzschutz

Aglaia-Beeck'sche Farbwerke Beek GmbH u. Co. KG
7903 Laichingen

Auro-Naturfarben
Postfach 1220
3300 Braunschweig

Livos-Pflanzenchemie
Neustädter-Str. 23–25
3123 Bodenteich

Pergolen, Rankgerüste etc.

E. Böcker KG
5220 Waldbröl-Hermesdorf

Legi-Zaun Draht- u. Gitterwerk
Im Meerfeld 83–89
4130 Moers 3

Scheerer-Zäune
3101 Sprakensehl-Beeren

Wego-System
Postfach 1369
Geseker Str. 36
4796 Salzkotten 1

Collstrop A/S
Industribuen 19
DK – 2635 Ishø, Dänemark

Ingwer J. Jensen
Hermann-Löns-Weg 39
2390 Flensburg

Pavillons aus Holz

Brio Scanditoy GmbH
8500 Nürnberg 64
Postfach 640 007

Sport Gerlach
3563 Daupthetal-Friedensdorf
(Kreis Marburg-Biedenkopf)

Pavillonvertrieb Alfred Kötter
Clarholzerstr. 84
4836 Herzebrock

Paidos GmbH
Friedrich-Ebert-Str. 5–7
4052 Korschenbroich 1

Firma Markendorf
Leerßer Str. 36
2818 Syke

Trip-Trap, Havnen
DK-9560 Hadsund, Dänemark

Leif Erikson
S-26051 Ekeby, Schweden

Pavillons aus Metall

E. Böcker KG
5220 Waldbröl-Hermesdorf

Garden Decoration
R. v. Splintersingel 14
NL-5954 BM Beesel, Niederlande

Hengesbach Gewächshausbau GmbH
Billwerder Billdeich 494
2050 Hamburg 80
Postfach 800 228

Arnim Koch & Co.
Landaustr. 11
3500 Kassel

Langerfeld GmbH
Roland-Gartenpavillon
Kuenstr. 25
2000 Hamburg 70

Gartenhäuser aus Holz

Werth-Holz
z. B. bei Kurt Gruschkuhn
Burgwedelerstr. 45
3004 Isernhagen 2

Köster-Holz
Mesumer Str. 191
444 Rheine 11

Walter Küppers
Industriestraße
5102 Würselen

Oskar Overmann GmbH + Co
6920 Sinsheim

IKEA-Versand GmbH
Dieralstr. 8–10
4972 Löhne 2

Schirme

Design M
Ingo Maurer GmbH
Kaiserstr. 47
8000 München 40

Garpa Holert Handelsgesellschaft mbH & Co KG
Kiehnwiese 1
2050 Escheburg

Linea GmbH Rolf Friedel
Schloßstr. 7
6360 Friedberg 2

Bildnachweis

(Ps. = Privatsammlung)

G. Bocianowski, Aachen 107
Fa. E. Böcker KG, Waldbröl-Hermesdorf 68, 128, 193
Prof. Dr. G. Däumel, Geisenheim 45 (Ps.)
Rainer Dargel, Rinteln 312
Fa. Leif Erikson, Ekeby/Schweden 182, 184, 185, 186
Fa. Garden Decoration, Beesel/NL 189, 190
E. Grützner, Aachen 217–220
Gretel Hemgård, Helsinki/Finnland S. 2; 95, 142–144
Fa. Hengesbach, Hamburg 195, 196
Reinhold L. Hilgering, München 179, 233, 282
Fa. Legi-Zaun, Moers 134
Fa. J. Jensen, Flensburg 67
Fa. Köster-Holz, Rheine 229
Manfred Koller, Hannover 188, 254
Fa. W. Küppers, Würselen 230 b
B. Krüger, Stuttgart 178, 248
Fa. Langerfeld GmbH (Roland System), Hamburg 166, 167
Peter u. Hanna von der Lippe, Hannover 245, 247
Jürgen Lübbert, Hannover 156
Christina Menzebach-Füß, München 51, 60, 64, 96, 113, 119, 121, 289
Michael Niederstrasser, Hannover 17, 20, 28, 50, 62, 63, 65, 66, 69, 93, 94, 97–99, 114, 130, 155, 159, 165, 168, 194, 202, 212 216, 223, 239, 240, 259, 260, 263, 265, 284, 285, 287, 290, 291, 293
Eckhard Ostermeyer, Hannover 48, 126, 136
Thomas Ostermeyer, Hannover 264, 286
Michael Palm, Wiesbaden 169, 170, 174, 191, 192, 209, 210, 310, 311
Franz Popp, Stuttgart 139–141
Hans Sievers, Neustadt 1 (Ps.)
Eike Schmidt, München 104
Schöner Wohnen (Foto Lutz Guderian), Hamburg 108
Horst Schümmelfeder, Düsseldorf 102
Johanna Spalink-Sievers, Hannover 21, 33–35, 37, 56, 57, 70, 71, 90–92, 101, 105, 106, 109–111, 115–118, 124, 125, 132, 133, 137, 138, 145–149, 201, 208, 211, 224, 225, 227, 234–238, 241–244, 246, 249, 252, 258, 261, 262, 281, 288

Jan Sievers 49
Gerrit Stahr, München 150, 151
Fa. Trip Trap, Hadsund/DK 158, 183
Rüdiger Weddige, Hannover 2–12, 18 (Ps.), 24 (Ps.), 27 (Ps.), 29–32, 36, 38–44, 46, 47, 52–55, 58, 59, 61, 72–89, 100, 103, 112, 120, 122, 123, 129, 131, 135, 153 (Ps.), 154 (Ps.), 157, 160–164, 171–173, 175, 180, 181, 187, 197, 198, 204–207, 221, 222, 228, 230 a, 231, 232, 250, 251, 256, 257, 266–280, 283 (Ps.), 292, 296–309, 313 (Ps.), 314, 315 u. Umschlag
Fa. Werth-Holz, Isernhagen 226
Peter Wollenweber, Berlin 177

BILDQUELLEN/LITERATUR

Baumann 13 u. 16 (S. 19)
Coats (Foto Edwin Smith) 15 (S. 65)
Gothein 14 (S. 40)
Hauser 19 (S. 18)
Kleffner 203 (S. 35), 253 (S. 34)
Krauth 176 (Tafel 101, 102)
Lambert/Stahl 22, 26
Woche, Die (Wettbewerbe) 23 (S. 79), 25 (S. 1), 127 (S. 102), 152 (S. 72), 199 (S. 108), 200 (S. 117), 255 (S. 112), 294 (S. 104), 295 (S. 21)